# DEPOIMENTOS
# O PIOR ANO DA SUA VIDA

Fui contemplado com uma bolsa integral na Universidade Positivo, sou engenheiro mecânico formado. Comecei a universidade aos quarenta, mas ficou muito claro para mim que não adianta eu me encher de formação se eu não estou passando isso para ninguém. Me perdi no tempo, eu estava trabalhando, constituí família, as necessidades financeiras aumentando, tinha tudo para dar certo, estudei, me dediquei, não foi fácil, mas as coisas eram sempre muito difíceis.

Por que toda essa dificuldade financeira? De onde vem tudo isso? Sempre preso ao medo de perder o emprego, o sustento da família, coisas muito marcantes para mim. Eu ia me distanciando a cada passo que dava, aumentando o abismo entre o sonho e a realidade.

Tudo o que me trouxe até aqui não é o que vai me levar à frente. Montar um curso online talvez fosse a salvação para eu me colocar de novo dentro da música. Só com esse novo pensamento eu já saí em busca de outras atividades, outros projetos, que já me renderam como renda anual pelo menos 30% a mais. O curso te mostra em detalhes o passo a passo, tem metas bem definidas.

Não fugir do propósito! Acho que o código mais forte é: quem é bom em desculpas, não é bom em mais nada.

**Everaldo F. Leite**

Antes de O Pior Ano eu tinha muita indecisão, não havia coerência naquilo que eu queria, levava uma vida mediana, trabalhava de carteira assinada como um qualquer. Tinha sonhos, porém, não sabia como iria alcançá-los. Sempre estive na busca de querer aprender algo, mas era muito preso à minha própria mentalidade, eu era um cara que tinha muita necessidade de aprovação das outras pessoas e isso me deixava muito limitado.

Conheci o Pablo Marçal durante uma fase muito ruim, tinha começado um negócio, porém me sentia incompleto e muito frustrado, não tinha muita direção, eu vi que faltava algo ou pessoas para alavancar o meu trabalho. O curso virou a chave na minha vida, mudou da água para o vinho. Hoje eu pago as minhas contas, quitei meus débitos, tenho uma cabeça mais madura para trabalhar minha vida financeira.

O principal foi a mudança que ocorreu dentro de mim. Eu tive uma mudança de mentalidade, vi que algum tempo atrás eu era um alienado, não tinha uma vida própria e hoje eu tenho vida própria e identidade.

É uma ferramenta que vai fazer você se autodescobrir. Não tenha medo de nada, feche os olhos porque vai ser um processo árduo no começo, muita gente não vai acreditar em você, mas é um curso que eu dou cem por cento de garantia que dá resultado para aqueles que querem realmente vencer e têm seus sonhos em mente, que querem ter uma vida próspera. Essas pessoas que já têm isso no coração, que querem vencer na vida, se a gente tem a intuição de que algo vai dar certo, tem que fechar os olhos, não se importar com as outras pessoas, com o que elas vão achar, nunca dizer para as pessoas aquilo que você está planejando, primeiramente é só entre você e Deus, e trabalhar de forma construtiva aquilo que você quer alcançar.

**Itamar B. da Silva**

Antes de O Pior Ano eu estava estagnado, desmotivado na empresa, trabalhava há dezesseis anos na mesma função. Minha esposa trabalhava muito em consultórios, ela é dentista, trabalhava em vários lugares, e a gente tinha o sonho de montar o nosso consultório, mas estava muito distante da nossa realidade.

Se não fosse O Pior Ano, eu não conseguiria atingir esses objetivos porque me ajudou muito. Eu canalizei muita energia, me conectei com pessoas novas e, sinceramente, é uma aceleração que você vive que não tem muita explicação, é surreal.

Sem as orientações, as tarefas, principalmente, que são passadas dentro do curso, eu não teria conseguido. Realmente, você destrava uma década em um ano. Você aprende que dinheiro é semente, então é uma semente que você vai plantar e vai germinar frutos incontáveis.

Depois de O Pior Ano, a nossa vida está completamente diferente. Hoje completou um ano que eu estou na engenharia de produção, fui promovido lá na empresa. Abrimos o consultório da minha esposa, que está bombando e crescendo muito. Realizamos sonhos, mudamos de casa, estamos na melhor fase. Realmente, depois de O Pior Ano, estamos na melhor fase da nossa vida.

**Anderson Augusto**

Sou mãe do Enzo e da Valentina, farmacêutica há vinte e cinco anos e tenho uma farmácia de manipulação há quatro anos. O ano passado vivemos um ano bem difícil na empresa, uma sociedade familiar entre eu, minha irmã e minha tia e nós brigávamos muito por diferenças de pensamento. Eu estava depressiva, não tinha vontade de brincar com os meus filhos, de sair com eles, de ir trabalhar, e eu já estava a ponto de desistir do meu sonho e já tinha até encontrado um comprador para a minha parte.

Eu conheci o Pablo Marçal através de um vídeo que me foi enviado pelo Whatsapp por um amigo, e era um vídeo onde ele estava dando uma palestra sobre os efeitos do não perdão, de não perdoar as pessoas.

O que mais me impactou durante O Pior Ano foram as atividades que a gente tinha que fazer todos os dias. Eu achava que não ia adiantar nada, porque eram tarefas simples, que pareciam fáceis de executar, mas que depende de você fazer todos os dias. O principal código que eu peguei durante O Pior Ano foi não olhar pra trás, segue adiante, vai fazendo as tarefas e não olha pra trás.

Eu não acreditava que conseguiria faturar o que estou faturando hoje, e depois do Pior Ano – fazendo o boot cerebral todos os dias, no início sem fé, sem acreditar, fazendo mesmo para ver no que ia dar – você vai fazendo e vendo que as coisas vão acontecendo e vai fazendo cada vez mais. É meio viciante porque você não para mais de fazer o boot cerebral, não para de acordar cedo.

**Juliana Gezoni**

A minha vida, antes de iniciar esse processo de O Pior Ano, que foi uma imersão de conhecimento e descoberta para mim, era uma vida pacata, normal, sem desafios, resumindo, estava uma vida morna.

Eu estava bastante incomodado nessa fase da minha vida, isso me fez buscar alternativas e me trazer ao encontro de Pablo Marçal. Sem dúvida, os melhores códigos e as principais chaves que esse curso me trouxe foi a questão do Lech Lechá, sair para dentro e encontrar dentro de mim mesmo as coisas de bom que existem dentro de mim, mas que, às vezes, falta um norte, um caminho, uma ponte, e esse curso certamente pode ser a sua ponte.

Depois de O Pior Ano, tive resultados espetaculares. Financeiramente falando, meu negócio aumentou em trezentos por cento, eu saí da casa dos meus pais, onde eu morava, chamei minha esposa para morarmos juntos, nos casamos, somos agora uma família. Eu movimentei meu corpo e me sinto uma pessoa mais forte de corpo, de mente, de alma, de espírito, e isso tudo são chaves que agora eu já tenho e posso, inclusive, contribuir na vida de outras pessoas, é incrível.

Falo do fundo do meu coração para todos que me perguntam: você não precisa ser bom para começar nada, mas todos nós precisamos começar alguma coisa para ficar bom.

**Bruno Floresta**

Minha vida antes de O Pior Ano estava um pouco sem sentido. Eu estava muito perdida, eu me sentia andando em círculos.

Era como se não tivesse mais sentido, não conseguia entender o propósito das coisas e, se não fosse O Pior Ano, eu não teria conseguido alcançar os meus objetivos, porque eu tinha uma sociedade, uma clínica aberta em 2007, mas sabe quando você não se sente cumprindo o seu propósito?

Eu não me sentia cumprindo esse propósito, faltava alguma coisa, alguma coisa que eu não conseguia entregar, alguma coisa que eu não conseguia fazer, apesar de eu ter duas especializações em nutrição clínica, algo me travava. Eu não tinha coragem de colocar aquilo para fora. Eu tinha medo, eu ouvia a opinião das pessoas, "As pessoas vão pensar que você é coach", isso eu ouvia de pessoas próximas que, na verdade, teoricamente era para estarem unidas a mim. Eu tinha todo o balde de água fria externo e perdi a coragem de agir, então, O Pior Ano me virou uma chave, a chave de que as pessoas precisavam daquele conteúdo que eu tinha comigo, elas precisavam aprender, e tudo começou a virar, toda a chave.

Tudo aquilo que chegava até mim, eu não ficava retendo mais, eu entregava, eu tive a coragem de entregar, e ali eu decidi que encerraria uma fase na sociedade, ainda que eu perdesse alguma coisa, eu encerraria para poder viver o meu propósito, foi o que eu fiz. Hoje existe um instituto com o meu nome porque tudo começou no Pior Ano.

**Thais Cerqueira**

Antes de O Pior Ano eu me considerava uma pessoa que queria evoluir em muitas coisas, mas eu não conseguia evoluir, eu não conseguia dar o passo de fé, de mudança na minha vida.

Com tudo aquilo que a gente começou a ver e a aprender com as lives, eu consegui desbloquear muita coisa e consegui ter atitudes que eu nunca tinha tido e foi mais uma desconstrução de tudo aquilo que eu vivia.

No meu trabalho, muitas vezes as pessoas que estão perto da gente, não só no trabalho, mas na vida, elas acabam empurrando a gente para baixo. O Pablo fala muito sobre você sair do lugar que você está porque pessoas que estão em volta de você não acreditam em você.

Com O Pior Ano, uma das primeiras coisas que eu decidi foi que eu precisava sair daquele lugar, não pela empresa, mas porque eu precisava evoluir como pessoa. No final do ano passado, quando estava tendo as lives do lançamento, eu decidi sair. No fundo eu tinha certeza de que eu ia conseguir, mas o externo falava para mim que eu não ia.

Hoje, após um ano que eu pedi demissão e estou trabalhando sozinha, já consigo fazer o dobro do que eu fazia lá. Agora, vou conseguir ter alguém para me ajudar, vou investir numa pessoa para ficar no operacional para que eu possa ficar mais no estratégico do negócio, para evoluir.

O principal código que fez a diferença para mim foi não olhar para trás, seguir em frente, acreditar em mim, acreditar naquilo que Deus colocou no meu coração, no meu propósito.

**Laiana Daneluti**

Nossa vida antes de O Pior Ano estava perdida. A gente estava fazendo as coisas dando dois passos para a frente e cinco para trás.

Antes de conhecer o Pablo e o curso, eu vivia de condição, era muito reclamona, ingrata num nível extraordinário, achava que tudo era culpa de todo mundo e não assumia a responsabilidade de nada. O curso me ajudou muito nisso, eu aprendi que eu sou responsável, parei de depender da opinião das pessoas, parei de esperar que os outros fizessem as coisas para mim e comecei a fazer. Eu entendi que a mudança precisava ser minha.

O Pior Ano ajudou a cada um a descobrir seu papel, a descobrir seus bloqueios e desbloquear cada um, nossa vida financeira melhorou muito, a necessidade de aprovação que foi um dos mais difíceis, conseguimos quebrar. Ter uma tarefa para seguir, ter o comprometimento do Pablo e de toda equipe foi o diferencial.

Você vai descobrir coisas que não imaginava que tinha, bloqueios que você achava que não existiam, e isso vai fazer muita diferença. Com toda essa mudança, a gente está conseguindo ajudar a todas as pessoas que passam pela nossa vida. Ainda temos mais resultados a alcançar, mas eu tenho certeza que é só o começo, é um processo, não é nem o começo do que há de vir.

**Talita Manzano**

Minha esposa falava: "Acorda, levanta, sai dessa cama, vamos fazer uma caminhada", e eu não tinha vontade de fazer nada disso, e ela, cansada, estressada, num momento de estresse dela, falou: "Você é um bosta". Escutar isso da minha esposa me fez pensar: Em que nível eu estou chegando?

Quando eu conheci o Pablo, ele mostrando que era possível sair daquilo, eu disse que quero, preciso sair, preciso ter esse conhecimento, foi onde eu busquei ajuda, eu precisava sair daquela condição, não era eu mais.

Hoje eu sou um cara cheio de projetos, estou com várias ideias, eu me pego o tempo todo pensando em novas ideias, novos produtos. Hoje a gente está no comércio, mas sempre procurando inovar, sempre fazendo algo para o cliente, buscando o problema que ele quer que eu resolva.

Se eu for falar do curso, que é O Pior Ano, eu vou ficar o dia inteiro falando quanta coisa boa a gente adquiriu: a gente comprou lote, apartamento, trocamos de carro duas vezes no ano. Antes a gente não conseguia fazer, é uma ferramenta que está nos proporcionando hoje isso.

Eu agradeci a minha esposa por ela ter me chamado de bosta, porque através do Pablo, hoje eu sei que eu sou um adubo e aonde eu for, vou fazer de tudo para germinar aquela semente para dar uma árvore vistosa e eu poder colher frutos dessa árvore.

Pode ter certeza, quem fizer, focar, acreditar, não desanimar e fazer, com certeza não vai se arrepender.

**Edimar da Silva Laurentino**

A minha vida antes de O Pior Ano era bem complexa, com muitas dívidas, distante de Deus, a família estava complicada, emprego ruim. Eu sempre achei que tinha certeza de tudo e que existia um grande complô do mundo contra mim.

Comecei a buscar na internet e descobri o Pablo Marçal e, imagine: um cara quebrado, cheio de dívidas, com um salário muito baixo e, do nada, falei para a minha esposa: "Amor, preciso fazer um curso", imagine um cara que não tem resultado nenhum ter que investir já com os recursos escassos. "Acredita, vamos investir, eu vou cair para dentro e nós vamos virar esse jogo, aposta!".

E desde então, eu me conectei com o Pablo e a vida mudou. Confesso que eu não conseguiria atravessar esse deserto se eu não tivesse conhecido o Pablo Marçal ano passado.

Descobrimos o câncer da minha mãe em fevereiro – eu tinha me conectado com o Pablo em dezembro – receber o laudo negativo do médico: "Não tem mais o que fazer, tem mais dois meses, no máximo...", minha família se desestabilizou, pai, irmãos, todos ficaram caídos e alguém precisava ser forte naquele momento.

Hoje, graças a Deus, a família agora está plena, consigo ser um pai melhor para a minha filha, ser um marido melhor para a minha esposa, ser uma pessoa do bem, não devemos mais nada a ninguém. Agora sim, essa é uma vida abundante, transbordante, de felicidade plena com a família, com Deus, e sem dívidas, só coisas boas.

**Douglas Martins**

Tenho vinte e sete anos e sou empresário do ramo de alimentação saudável, sou casado com a Bárbara, pai do Lorenzo e padrasto do Murilo e do Leonardo.

Antes de O Pior Ano, em 2019 eu morava numa quitinete atrás da loja, a cama era parede com a cozinha da minha empresa. O meu enteado dormia em um quarto pequeno de 1,40mx1m, só cabia um colchão.

Eu trabalhava dentro da minha marmitaria como um entregador, a minha esposa fazia toda a parte operacional, toda a parte de gerência, cozinhava, tomava as decisões.

Num momento de desespero, eu acessando vídeos, procurando na internet, apareceu um vídeo no Youtube. Eu não conhecia o Pablo Marçal até então. O vídeo era Sabedoria para prosperar. Naquele vídeo ele trouxe muitas verdades, o que começou a dar ignição naquilo que estava dentro de mim. De fato foi Deus que apresentou e colocou Pablo Marçal na minha vida.

O ano de 2020, mesmo com a pandemia, foi um ano de muitas mudanças na minha vida. Em seis meses eu fiz coisas que eu não fiz em vinte e sete anos. O Marcos de hoje em dia toma mais decisão, eu não conseguia sequer acordar cedo, hoje a prioridade da minha vida foi essa e eu criei um hábito depois de O Pior Ano de acordar às 4:59 para que meu dia de fato seja produtivo. Eu comecei a administrar minha empresa, eu saí daquela função de entregas, onde eu era funcionário da minha própria empresa.

O principal código é que você não pode ter pontes para voltar atrás.

**Marcos Luiz**

Eu trabalho com o meio ambiente na área de gestão ambiental e tenho trinta e cinco anos.

Eu nunca imaginei que eu seria capaz de mudar a vida de uma pessoa. Eu nunca imaginei que eu trouxesse uma mensagem que fazia diferença para outras pessoas. Eu sempre me achei comum demais para conseguir impactar a vida de alguém, para conseguir mudar o rumo do pensamento de alguém.

A minha maior dificuldade foram as tarefas de confronto, porque eu tenho muita dificuldade com o confronto. Eu evito confronto a qualquer custo. O meu principal ponto sempre é esse, eu quero agradar às pessoas, então desagradar às pessoas foi muito difícil, mas eu acho que foi super necessário porque eu criei um pouco desse antifrágil, de "Não estou agradando, problema seu".

Em resultados palpáveis eu consegui pagar algumas dívidas que eu tinha e já me atormentavam durante um tempo, consegui ter clareza de como resolver essa questão. Meu convívio dentro da minha família melhorou cem por cento, hoje eu vivo com o meu marido muito melhor do que eu vivia até então.

**Thalita Feltrin**

Sou casado, tenho quarenta e dois anos, pai da Giovana, de dez anos de idade. Conheci minha atual esposa há quatro anos.

Para a sociedade, está tudo certo, está tudo bem, faz sentido. Depois que a gente começou a entender nesse último ano em que a gente entrou no Pior Ano e começou a perceber que isso, por exemplo, era uma das coisas que atrapalhava nossa vida, decidimos organizar o casamento, porque era hora de fazer uma faxina na casa.

Já que você quer resultado, limpa a casa primeiro, e a casa é quem? É a gente. Oficializar o casamento foi uma coisa que trouxe muita prosperidade para mim, a gente não tinha entendido isso, eu e minha esposa. Uma coisa que aconteceu comigo, que eu nunca achei que fosse acontecer, depois que eu fiz O Pior Ano, seria ter mais um filho.

Se eu não tivesse feito O Pior Ano, eu tenho certeza que estaria andando em círculos. O que é andar em círculos? Obter o mesmo resultado sempre.

**Wagner Machado**

Antes de O Pior Ano eu não era tão focada, me ajudou a focar em algumas coisas. Como a gente tem tarefas para fazer toda semana, desenvolvi principalmente o amor pela Palavra, porque eu lia mas não tinha essa coisa de me aprofundar. Hoje eu só ando com a Bíblia de papel, eu amo, antes eu não parava para ler os textos bíblicos, grifar, estudar, este foi o ponto mais forte no Pior Ano, além de conseguir me organizar, ter disciplina para fazer exercícios, eu não tinha a disciplina de começar e concluir as coisas.

O que mudou realmente é o amor que tive pela Palavra, pelas coisas de Deus. Eu lembro que eu não tinha o hábito de ler um livro por semana. São muitos conteúdos, que me ajudaram a me soltar na internet, muitas vezes usei as pílulas, algo que vivi e compartilhava nas minhas lives de oração, dava dicas de filmes...

É um programa muito completo. Eu acordava nos Estados Unidos duas horas a menos, então eram duas horas da manhã para ver as lives de segunda.

Foi muito marcante a questão da disciplina, de vencer o meu corpo, de entender que não é ele que manda. Eu não tinha a noção de fazer jejum, eu fiz jejum de café, que eu gosto muito e foi muito forte para mim.

Realmente funciona, eu já sei o caminho e quero continuar me aprofundando.

**Danny**

Tenho cinquenta anos, trabalho há vinte e um anos com desenvolvimento pessoal, dando treinamentos no Brasil e fora.

Ano passado um grupo de amigos me desafiou a participar do Pior Ano e eu encarei e decidi mergulhar. Como sou do desenvolvimento humano, eu me coloco no papel de aprendiz o tempo inteiro para dar o meu melhor, e no Pior Ano vim fazendo isso o ano inteiro, desde as primeiras atividades que tinha que entregar na plataforma, que depois virou gamificação. Ainda fiquei me cobrando para conseguir entregar tudo no prazo, e assim foi o início.

A minha vida hoje está transformada e potencializada. Uma transformação nas condições que eu consegui estabelecer comigo mesmo, principalmente no sentido de me respeitar e ter um posicionamento diferente e ver o quanto isso me ajudou a alavancagem muito grande, a uma visibilidade maior, inclusive na minha vida profissional, tendo me colocado como referência nacional e também fora do Brasil hoje.

Um dos grandes marcos foi há dois meses, quando fui dar um treinamento em Lima, no Peru, para cinco mil pessoas, numa arena aberta, em espanhol, gerando grande transformação e ativação de pessoas, desbloqueando mais de quatro mil pessoas.

O Pior Ano para mim é uma evolução, totalmente potencializada, onde você mergulha em todas as áreas da sua vida e gera uma disrupção de pontos que você nem sabia como lidar. Se alguém tem alguma dúvida, nem pense nisso, entre para O Pior Ano para que a mudança aconteça aí dentro. É um método muito bem cuidado, estruturado, planejado, preparado para a transformação.

**Emerson**

O que me levou a adquirir O Pior Ano foram várias questões pessoais, de coisas em que eu queria avançar mas encontrava muitas barreiras, dificuldades, eu estava patinando sempre no mesmo lugar, eu queria fazer coisas diferentes mas não estava conseguindo vencer as barreiras.

Acredito que a minha maior transformação foi na área espiritual, isso reverberou para todas as outras áreas, tive muitos ganhos na área emocional, aprendi a controlar minhas emoções, perceber meus sentimentos e não mais reagir àquilo que me acontecia, mas agir de forma intencional com as coisas e com as pessoas à minha volta.

Na minha casa, na minha relação com meu marido houve uma grande transformação. Ele participou comigo do Pior Ano, ele que nunca tinha pego na Bíblia, vê-lo lendo a Bíblia me deu muita força para conseguir chegar até o fim e a nossa relação de amor melhorou muito.

Melhorei minha relação com os meus pais, abandonei algumas amizades, fiz novos amigos, que estão seguindo na mesma direção que eu, me dando apoio para chegar até o fim.

Eu passei a me relacionar com Deus de uma forma que eu nunca tinha conseguido antes, consegui enxergar quem eu era, minha real identidade.

Vou fazer O Pior Ano novamente e espero ainda mais crescimento, pois o que eu evoluí este ano, não evoluí em dez, foi um crescimento exponencial e espero ainda mais para os próximos anos.

**Joyce Ferreira**

Tenho trinta e quatro anos, sou casado, trabalho com e-commerce, estou no digital há quatro anos.

Antes do Pior Ano eu estava bem perdido, estava tendo bons resultados, mas não estava satisfeito com a minha própria vida, com os meus objetivos. As maiores transformações que O Pior Ano me trouxe foi começar a tarefa e conseguir concluí-la, então me trouxe resistência e me despertou a potência que eu tenho em concluir micro tarefas, o exercício físico, jejum, acordar cedo, essas micro tarefas me fizeram realizar grandes tarefas.

Em quatro meses eu não esperava já estar morando em Alphaville. Deus tem um propósito muito maior do que a gente imagina, mas é preciso crer e fazer. Por concluir as pequenas tarefas, hoje estou morando em Alphaville, plenamente satisfeito, conectado com Deus, em um relacionamento muito forte com a minha esposa e tendo muito mais potência e confiança naquilo que eu preciso fazer.

Passei por um momento difícil em que perdi uma grande quantia de dinheiro, mas isso me trouxe muito mais força.

Se eu não tivesse tomado a decisão de ter feito O Pior Ano eu estaria vivendo de escolhas, e não de decisões. A vida é feita de decisão, se você decidiu chegar até lá, é lá que você precisa chegar.

**Caio Rodrigues**

Tenho quarenta e um anos, tenho formação em fisioterapia e osteopatia e também em coach.

Antes do Pior Ano eu era uma pessoa extremamente arrogante, travado, alguém que procrastinava e julgava.

Eu conheci o Pior Ano porque eu já acompanhava o Pablo. Junto com minha esposa, acordamos em fazer os dois para conseguir se desenvolver melhor e mais rápido. Eu achava muito maluco, meio impossível fazer dez anos em um, mas vi que o negócio é realmente transformador depois que eu passei, é cabuloso.

Foram várias transformações, a principal foi espiritual. Eu tinha um bloqueio grave com Deus. Eu brigava internamente com Ele porque não entendia o porque Ele permitia o problema que eu tinha na perna. Através do programa e do Pablo, eu consegui entender uma nova realidade do que é Deus.

Eu estive funcionário público durante nove anos, eu já tinha uma ideia de que aquilo não era mais para mim, só que eu tinha um pouco de receio de largar. Já nas primeiras pílulas, em janeiro, eu estava de férias e passando de carro pela prefeitura, ouvi uma voz me mandando parar, já me exonerei naquele dia mesmo e me libertei.

Se eu não tivesse tomado a decisão, acredito que nem casado eu estaria hoje. Eu pude melhorar muito na parte conjugal, ficando mais próximo da minha esposa, dando mais atenção a ela e fazer mais coisas que eu nem imaginava que deveria, e sei que ainda devo fazer mais, mas acredito que ela esteja mais feliz.

**Felipe Sánchez**

# 12 MOTIVOS PELOS QUAIS EU DEVO FAZER O PIOR ANO

1.

2.

3.

4.

# 12 MOTIVOS PELOS QUAIS EU DEVO FAZER O PIOR ANO

**5.**

**6.**

**7.**

**8.**

# 12 MOTIVOS PELOS QUAIS EU DEVO FAZER O PIOR ANO

**9.**

**10.**

**11.**

**12.**

# O PIOR ANO DA SUA VIDA

Pablo Marçal

# O PIOR ANO DA SUA VIDA

Camelot
EDITORA

ENCONTRE MAIS
LIVROS COMO ESTE

Copyright desta tradução © IBC - Instituto Brasileiro De Cultura, 2024

Reservados todos os direitos desta tradução e produção, pela lei 9.610 de 19.2.1998.

1ª Impressão 2024

**Presidente:** Paulo Roberto Houch
MTB 0083982/SP

**Coordenação Editorial:** Priscilla Sipans
**Coordenação de Arte:** Rubens Martim

**Publisher:** Elis Freitas
**Coordenação editorial:** Cristian Fernandes
**Preparação:** Editora Plataforma
**Revisão:** Caroline Cardoso, Ivana Mazetti e Thais Teixeira
**Capa:** Thomaz
**Diagramação:** Joyce Ferreira

**Vendas:** Tel.: (11) 3393-7727 (comercial2@editoraonline.com.br)

Foi feito o depósito legal.
Impresso no Brasil

| Dados Internacionais de Catalogação na Publicação (CIP) de acordo com ISBD ||
| --- | --- |
| M313s | Marçal, Pablo |
| | Sangue, Suor, Lágrimas e Gordura / Pablo Marçal, Carol Marçal. - Barueri : Camelot Editora, 2024. 144 p. ; 15,1cm x 23cm. |
| | ISBN: 978-65-6095-044-3 |
| | 1. Autoajuda. I. Marçal, Carol. II. Título. |
| 2023-3761 | CDD 158.1 CDU 159.947 |
| Elaborado por Odilio Hilario Moreira Junior - CRB-8/9949 ||

IBC — Instituto Brasileiro de Cultura LTDA
CNPJ 04.207.648/0001-94
Avenida Juruá, 762 — Alphaville Industrial
CEP. 06455-010 — Barueri/SP
www.editoraonline.com.br

Este livro quero dedicar a todas as pessoas que já tiveram momentos de fraquezas e insucessos. E eu aprendi que isso não vai doer pra sempre, por isso quero te dizer que o seu sucesso será a soma dos seus fracassos.

# SUMÁRIO

**PREFÁCIO** ........................................................................... 25

**INTRODUÇÃO** ..................................................................... 31

**CAPÍTULO 1**
ESQUEÇA O EXTRAORDINÁRIO E VIVA O SIMPLES ........................ 37

**CAPÍTULO 2**
O PODER DA ESCRITA ............................................................. 51

**CAPÍTULO 3**
QUAIS SÃO OS SEUS ALVOS? .................................................... 65

**CAPÍTULO 4**
O QUE TE IMPEDE? ................................................................. 73

**CAPÍTULO 5**
APRENDA A FAZER TAREFAS ASSERTIVAS .................................... 85

**CAPÍTULO 6**
Vá CUIDAR DA SUA VIDA .......................................................... 95

**CAPÍTULO 7**
NOVOS HÁBITOS .................................................................... 105

**CAPÍTULO 8**
AUTOGOVERNO ..................................................................... 117

**CAPÍTULO 9**
DRIVERS MENTAIS ................................................................... 127

**CAPÍTULO 10**
A MAIOR VIAGEM DA SUA VIDA ............................................. 139

**CAPÍTULO 11**
COMO ATIVAR A IRA ................................................................ 149

**CAPÍTULO 12**
FAST ACTION (AÇÕES RÁPIDAS) ........................................... 159

**CAPÍTULO 13**
A LEI DA ASSOCIAÇÃO ............................................................ 167

**CAPÍTULO 14**
MODELAGEM ........................................................................... 177

**CAPÍTULO 15**
COMPRA DE SEMENTES ......................................................... 187

**CAPÍTULO 16**
ATIVE A SUA IMAGINAÇÃO ..................................................... 201

**CAPÍTULO 17**
FERRAMENTAS EFICAZES ...................................................... 209

**CAPÍTULO 18**
METAS E INDICADORES .......................................................... 217

**CAPÍTULO 19**
PASSE ISSO ADIANTE ............................................................. 225

**CAPÍTULO 20**
VOCÊ ESTÁ DISPOSTO A DAR TUDO POR VOCÊ? ............... 233

# PREFÁCIO

## VOCÊ ESTÁ PRONTO?

Eu quero lhe falar algo muito importante: VOCÊ VAI TER O PIOR ANO DA SUA VIDA, esse vai ser o pior ano, mas você vai sentirfalta, porque será só dessa vez.

É só você continuar até o fim deste livro, fazer todas as tarefas, mergulhar profundamente no que eu estou lhe falando, que VOCÊ VAI TOCAR O TERROR NA SUA VIDA. Isso eu comprovo diariamente com meus resultados, por isso, indico para todas as pessoas que conectam comigo.

Quando eu falo "tocar o terror na Terra", uso essa expressão de maneira positiva, tá? E isso significa que vai dominá-la e, literalmente, vai começar a cuidar da sua vida. Então, nessas horas em que estaremos juntos, eu espero que você leia isso repetidas vezes.

**Eu vou lhe mostrar que o determinante será o tamanho da sua sede e da sua fome pelo sucesso e pelas vitórias da sua própria vida.**

A quantidade de vezes e a velocidade com que vai ler demostrarão muita coisa. Se você for só uma pessoa mais ou menos, talvez você leve um mês para ler este livro; se for uma pessoa um pouco fora da curva, possivelmente levará uma semana, mas, se estiver grilado e com uma indignação dentro de você a ponto de explodir, talvez leia este livro em menos de uma semana.

Quantas vezes você já assistiu Netflix, começou uma série e foi embora? Certamente várias vezes, não é mesmo? Acredito que houve aquelas séries que você viu todos os capítulos em poucos dias, você "maratonou". Então por que você não faz isso com o livro? Aqui está o segredo: não se trata apenas de ler, eu vou ativar algumas coisas em você porque esta obra aqui não é motivacional, ela é ATIVACIONAL, mas você precisa fazer as TAREFAS.

Haverá outros livros que você precisará ler, não adiantaria fazer o resumo para você, por mais que eu quisesse, você não absorveria nada. Porque não adianta alguém vir e lhe dar o resumo das coisas, dessa forma você não consegue transformar em atos, porque você não fez nada, não agiu. Você precisa ativar o modo AÇÃO, e este livro irá fazer isso com você.

Este vai ser o pior ano da sua vida, e ele não começa 1º de janeiro, ele começa hoje. Já que você escolheu isso, vamos começar a nossa jornada para o pior ano da sua vida. Cai pra dentro! Vamos fazer de uma forma que você nunca fez. Você está pronto pra isso?

Muitas pessoas criam esperanças em coisas que leem ou ouvem, acontece muito comigo. Ficam lendo meus livros, ouvem minhas palestras e criam esperanças em mim. Deixa eu te falar uma coisa? A esperança não sou eu, **a esperança é você! E você precisa tomar vergonha nessa sua cara.** Não fica "magoadinho" comigo, porque todos os que ficam aborrecidos são pessoas que não cuidam da própria vida. Por isso, **VÁ CUIDAR DA SUA VIDA.**

Se você continuar comigo até o final e fizer as tarefas,

vai experimentar o pior ano. O problema é que você vai deslanchar o resto da sua vida, e este vai ser o ano em que você vai investir e destravar uma década em apenas 365 dias. PRESTA ATENÇÃO!

Eu já tive dois piores ano, um foi em 2008 e outro em 2018, não foi fácil e eu sabia que não seriam, porém foi quando destravei limites e me transformei. Vou te contar uma coisa, quando você se transforma, nunca mais volta a ser o que era. Você se liberta do casulo e cria asas, é como a lagarta, que aparentemente é sem cor, estática, sem graça, mas de repente ela se solta, abre suas asas coloridas e segue livre, voando e buscando seu destino. Você é uma borboleta, só que não sabe disso porque seu reflexo ainda é uma lagar ta, mas você não é apenas o que você vê e sim o que você quer ser.

Está pronto?

SEJA BEM-VINDO E VAMOS PARA O PIOR ANO DA SUA VIDA!

**ENTREGUE-SE NESSA VIAGEM E DEIXE A LEITURA CORRER DENTRO DE VOCÊ COMO AS ÁGUAS DE UM RIO.**

# INTRODUÇÃO

## VOCÊ OUVIU O QUE EU FALEI?

Provavelmente você já tenha ouvido falar na expressão: "Tempos de guerra, tempos de paz". Assim é a vida, primeiro vêm tempos de guerra e depois os tempos de paz. A guerra é seu ano de luta. Quando o ano inicia, você entra com todas as suas forças, com muita garra, descobrindo qualidades que você nem sabia que existiam e transformando seus defeitos em armas, **você doa tudo que tem, sangue, suor, lágrimas e gordura, tudo com um único objetivo: tocar o terror na Terra.**

Este livro irá te mostrar os caminhos que precisam ser percorridos e deixados para trás, isso mesmo, nunca volte atrás, mude de rota. Você precisa descobrir que tem uma ogiva em você, e ela precisa ser ativada. Eu sou o Marçal e meu propósito de vida é ajudar pessoas assim como você, que não sabe como começar, e até mesmo você que acredita que já sabe de tudo. Este livro vai destravar sua mente, fazer você crescer exponencialmente. Se fizer todas as tarefas, sua vida dará saltos quânticos. Você vai tocar o terror na Terra.

Se você está procurando a solução para os seus problemas, este livro não é para você, mas se você está buscando ser a solução, você está no lugar certo.

Você vai descobrir o quão simples a vida é e o quão

simples é ser quem você realmente é, só que vai dar trabalho, você irá gastar todo sangue, suor, gordura e lágrima, vai ter o seu pior ano.

Pense nos capítulos como fases da vida, e assim como as fases precisam ser vividas, o livro precisa florescer dentro de você, não existem atalhos, já viu um bebê correr antes de andar? Não tenha pressa, tenha constância, faça as tarefas, dê seu melhor e eu te garanto que irá funcionar.

Esqueça tudo que você aprendeu e permita-se ser livre para aprender o novo, para ressignificar sua vida. Não seja mais um bom leitor, seja um fazedor de tarefas.

O mundo está em constante evolução e o conhecimento também e aquilo que um dia serviu hoje não serve mais. Aquela verdade absoluta na sua mente é um drive mental que instalaram em você, e você permitiu.

Viver com drives errados não tem problema até você descobrir isso, quando você não sabe que algo é errado vive com aquilo, porém quando você descobre não tem como mais fazer parte disso. **Você muda de rota e não dá mais para voltar atrás.**

Pense neste livro como um rio, e deixe-o fluir, siga a sequência e não fique caçando o melhor lugar para banhar-se, as águas estão em movimento, e como dizia Heráclito de Éfeso: **"Ninguém se banha duas vezes no mesmo rio."** Assim como o homem está em constante evolução, as águas estão em constante movimento. **Entregue-se nessa via gem e deixe a leitura correr dentro de você como as** águas **de um rio.**

Há quinze anos aplico as coisas que irei ensinar aqui, e há quinze anos vejo resultados incríveis. Me responda uma coisa: Você é diferente ou quer fazer a diferença?

Não permita que este ano seja igual aos outros, em que você fala que vai fazer tudo e não faz nada, como dizia Einstein:

"É INSANIDADE A PESSOA QUERER RESULTADOS DIFERENTES FAZENDO AS MESMAS COISAS."

Pense no seu ano como uma fazenda, aquela que você comprou e não tinha nada, era só mato para todo lado, só que você conseguiu ver futuro ali, você viu potencial no meio das terras e dos galhos. Por que quando se trata de si mesmo, você não vê potencial? Abra os olhos e invista toda a sua energia na sua "fazenda", coloque maquinário, contrate funcionários, ela é seu futuro, VOCÊ ACREDITA NISSO, você precisa acreditar, forme seu pasto, crie sua lavoura, prepare a terra, você sabe que não e só plantar, tem que tratar antes. E como eu trato a minha terra? Adquirindo sabedoria, fazendo acontecer, tendo o meu pior ano.

O pior ano precisa existir em tudo que você faz, porque você precisa ter o melhor em tudo que faz, na sua empresa, na sua casa, com seus filhos. Assim como não se pode fazer o plantio de qualquer jeito, educar também não deve ser de qualquer jeito, a sua família não pode ser de qualquer jeito. E a sua vida? Por isso você precisa ter o pior ano, precisa da guerra para poder desfrutar da paz.

Se você continuar até o fim, fizer a sua parte, cumprir as tarefas e mergulhar naquilo que vou te ensinar, VOCÊ VAI TOCAR O TERROR NA TERRA. Você vai dominar, vai começar a cuidar da sua vida, vai aprender o que é isso e colocar em prática. Agora chega de desculpas, de "mi-mi-

-mi" e vamos começar o seu pior ano.

No próximo capítulo preste bem atenção no que eu vou dizer sobre LARGAR A VIDA EXTRAORDINÁRIA. Na verdade, a vida que você acredita ser extraordinária. Mas segura aí que vamos chegar lá. Tem alguma dúvida? Vamos juntos. Seus resultados dependem 85% das pessoas com que você se conecta e vou te explicar passo a passo isso tudo. Você está pronto?

SEJA BEM-VINDO E VAMOS PARA O PIOR ANO DA SUA VIDA!

**QUANDO VOCÊ BUSCA O PLANO IDEAL ELE NÃO ACONTECE, PORQUE ELE NÃO EXISTE.**

**CAPÍTULO 1**

# ESQUEÇA O EXTRAORDINÁRIO E VIVA O SIMPLES

## VOCÊ SABE VIVER O SIMPLES?

Começaremos nossa jornada com uma frase que sempre ouço: Eu queria ter essa vida extraordinária sua. Para começar, eu não tenho uma vida extraordinária, e para terminar, o mundo não precisa de mais uma versão minha.

Enquanto você tentar buscar ser igual a alguém, não chegará a lugar nenhum, pessoas são singulares e únicas, ninguém pode ser igual a ninguém, por mais que queira e tente, isso não acontece. O que você pode fazer é ter certas pessoas como inspiração e modelá-las, mas vamos tratar disso em um outro capítulo.

Para abandonar o extraordinário, você precisa entender o que é extraordinário. O extraordinário na verdade não existe, o que existe é uma falsificação dele, como assim?

O extraordinário nada mais é que o ponto de vista de alguém que não vive uma boa vida, que não cuida da própria vida, e com isso fica admirando outra pessoa ou outras pessoas, supervalorizando-as pois elas cuidam da própria vida, e com isso acreditam que tais pessoas são incríveis, maravilhosas e extraordinárias. Apenas pelo fato de que elas fazem o que precisa ser feito.

Afinal o que realmente precisa ser feito? **Você precisa fazer o básico, o simples, e continuar fazendo, dia após dia, todos os dias, dessa forma ficará tão bom naquilo, que aparentará extraordinário, até o momento em que você realmente será extraordinário.** Ué, mas você falou que o extraordinário não existe e agora eu vou ser extraordinário? Exatamente, porque você pode criar o que quiser ser, e se de fato você quer ser extraordinário, tem que se fazer extraordinário através das suas simples ações diárias.

O que te impede de ser simples e fazer o simples diariamente? Nada mais que a falsificação da perfeição, tão conhecida como perfeccionismo. Exato, e você que sempre nos processos seletivos achava lindo falar que uma das suas qualidades era o perfeccionismo, está se sentindo como, agora? É engraçado como as pessoas sentem orgulho em dizer: EU SOU PERFECCIONISTA! Como se isso fosse uma qualidade, sendo que é um defeito, o oposto de excelência, e acredito que pelo menos se a maioria das pessoas pudesse optar entre ser perfeccionista e excelente, preferiria a excelência, correto?

Eu já fui perfeccionista, e assim como você eu não sabia que era defeito e falava com orgulho: Eu sou perfeccionista! Como se fosse algo bom, na minha humilde ignorância não sabia que o perfeccionismo é a falsificação luciferiana da perfeição.

Somos humanos, erramos, ou seja, não somos perfeitos,

todo ser que erra não é perfeito. O único ser perfeito foi Jesus, e não é questão de religião, está registrado, basta olhar os registros antropológico, histórico, cosmológico e qual mais você quiser. Só Ele foi perfeito em seus caminhos. Então apenas Ele pode falar de perfeição; você e eu não!

**O perfeccionismo é uma trava na vida de uma pessoa, pois ela não consegue avançar, sempre tem um problema para cada solução.** Foca tanto nos detalhes, gasta energia com coisas tão insignificantes que esquece do objetivo maior.

Vou dar um exemplo, suponhamos que você deseje fazer uma festa para comemorar suas bodas de prata, para quem não sabe bodas de prata é o nome dado para a comemoração de 25 anos de casamento. Sua esposa é fissurada em piano, adora ouvir, sabe tocar e o sonho dela é ver um superpianista tocando um superpiano. Assim, quando você pensa na festa, pensa em contratar o melhor pianista, estilo Carlos Martins em um piano Holland e tudo mais. Top, né? Depende! Se você for precisar gastar toda a sua energia com esse detalhe, isso é perfeccionismo porque você não vai dar conta do principal, que é a festa. Se para você não é simples ter acesso a tudo isso, esqueça tudo isso e faça o simples. Como seria o simples? Chama aquele moço da igreja que toca superbem, convide seus amigos, coloque amor na festa, e deixa quebrar o pau no Yamaha mesmo.

Por que isso? **Porque quando você busca o plano ideal, ele não acontece, porque ele não existe.**

Outro exemplo interessante é quando um casal planeja ter filhos, eles falam que primeiro terão estabilidade financeira, a casa própria, o carro, viajar o mundo e mais mil coisas que colocam no caminho, e se for analisar, a hora dos filhos nunca chega. O planejamento é necessário, porém ele não pode se tornar impedimento. Se você ficar criando um plano ideal para fazer as coisas, elas nunca serão feitas.

Existem três remédios simples para curar o perfeccionismo, eu chamo de três pílulas, e elas vão mudar sua vida. Não se preocupe em ter que tomar todo dia, porque quando o remédio é bom deixa de ser remédio e vira solução.

Para curar o perfeccionismo você precisa fazer três coisas, usar as três pílulas, a primeira é o fazer, não importa como, você só precisa fazer, então faça, se possível agora. A segunda pílula é o corrigir, depois que você já fez, consegue observar algumas coisas que precisam ser mudadas, então você vai lá e as corrige. A terceira pílula é o melhorar, isso mesmo, você fez, percebeu que podia mudar, corrigiu aquilo que foi feito e automaticamente o que vai acontecer? O feito será melhorado. Entende a importância da ordem cronológica da coisa? Tem como melhorar algo sem corrigir? Tem como corrigir sem fazer? Não! Por isso cada passo é importante.

Recapitulando, as três pílulas para cura do perfeccionismo são:

- Primeiro é fazer;
- Segundo é corrigir;
- Terceiro é melhorar.

Nunca deixe de fazer o que precisa ser feito, o agir é

muito importante e lembre-se sempre: O FEITO É MELHOR QUE O PERFEITO. Pois na busca da perfeição não tem ação. As pessoas deixam de fazer o que precisa ser feito buscando criar algo que não existe, só existiu uma pessoa perfeita na Terra, e essa pessoa foi Jesus. Ele, sim, pode falar de perfeição; nós jamais.

Você já deve ter ouvido falar de "projeto-piloto", projeto-piloto é conceito de um esforço temporário, algo feito para testar a viabilidade do processo, nele você experimenta novas ideias, implementa processos ou ferramentas. Nada mais é que uma atividade planejada como teste. Para que serve? Para testar se algo vai dar certo, muitos projetos não saem do papel porque as pessoas não querem executar, ficam querendo corrigir sem tentar, melhorar sem fazer, isso não existe.

Muitas coisas funcionam perfeitamente no papel, mas quando são colocadas em prática não dão certo; e o mesmo acontece no oposto, muitas coisas aparentemente darão errado, mas quando aplicadas não causam todo aquele transtorno esperado. Tudo isso só se descobre fazendo, por isso o fazer é essencial, em qualquer situação: faça sempre, porque é no fazer que você aprende, é no fazer que as coisas acontecem. Lembra dos resultados? Eles são frutos da ação, e a ação é o fazer, por isso FAÇA.

Utilize essa nova metodologia, tome as três pílulas diariamente e esqueça de vez o extraordinário, o perfeito; comece diariamente, tomando uma pílula de cada vez, primeiro faça, depois corrija e depois melhore. É só isso!

É um processo simples que vai te levar além, é só você ficar repetindo sem parar, ter disciplina no ato até ele virar hábito. Depois é simples, você simplesmente nunca mais vai parar.

Não espere o plano ideal, o momento ideal, a ocasião ideal para começar, simplesmente comece com a condição que você tem, depois corrija o que não está bom, vá melhorando aos poucos e depois é só repetir e repetir. FAZER, CORRIGIR E MELHORAR, SÃO SÓ ESSES TRÊS PASSOS.

Como isso vai me ajudar no pior ano da minha vida? Será o ano de semear, o ano em que você vai ser o homem do campo, é o ano da simplicidade. É o ano de comprar boas sementes, de tratar a terra e de plantar. Essa leitura nada mais é que comprar sementes, e você precisa aprender a plantá-las, a tratar a terra e a não perder sementes, não desperdiçar o fruto, não jogar sementes no asfalto pois o asfalto não produz frutos.

Para isso acontecer você precisa abrir seu coração, deixar a semente bater na terra, permiti-la frutificar. Muitas pessoas fecham seu coração porque não querem ouvir a verdade, não querem sair do conforto, só que a mudança se faz necessária, e muitas vezes é preciso que você ouça de forma diferente. E essa forma pode machucar. Não se ofenda se às vezes eu falar algo de que você não goste, algumas represensões são necessárias, e como já disse, minha missão á ajudar pessoas, ativar pessoas, despertá-las, fazer você avançar na vida, esse é meu chamado de vida.

Enxergue a minha boa fé e permita minha semente prosperar em você, deixa doer, como diz no livro de Hebreus: "...motivo de tristeza na hora, só que produz fruto de justiça para quem o exerce..."

Eu sou uma pessoa que nasceu para isso e nós estamos conectados através deste livro ou através de minhas palestras, meus vídeos, minhas redes sociais, cursos ou mentorias. Eu quero te ajudar, eu vou te ajudar, é só você permitir e fazer a sua parte, porque essa, infelizmente, eu não consigo fazer por você. Por isso faça as tarefas, você verá que ao final de cada capítulo tem uma tarefa a ser cumprida, faça-a com excelência, porque se você está aqui apenas para ler, pode parar por aqui, sua leitura não vai adiantar, já disse, não seja um bom leitor, seja um fazedor de tarefas.

O seu ano começou, ele tem 52 semanas, e não começa no Ano Novo, começa no dia em que você resolve mudar, começa hoje, começou já. Por isso não deixe para fazer as coisas amanhã, na próxima semana ou na segunda-feira, as pessoas adoram começar coisas em dias certos, é muita burocracia, não precisa disso, resolveu mudar? Mude. Quer fazer algo diferente? Faça. Não espere o amanhã, viva o hoje, viva cada dia e faça tudo que precisa ser feito, faça a sua parte. TUDO QUE VOCÊ FOR FAZER FAÇA AGORA!

Na introdução do livro eu falo a respeito do seu cérebro, que ele não acredita em você, e eu vou te ensinar a regulá-lo, a mostrar quem manda, além de te ensinar a não viver em outros tempos, deixar o passado e o futuro um pouco de lado, viver o presente. Em um capítulo irei falar apenas disso. Você precisa regular seu cérebro no agora. Você está pronto?

Para viver o simples você precisa estar pronto, precisa investir, é o início, é o pior ano da sua vida, não é uma brincadeira, é muito sério, é a sua vida.

Vamos pensar no seu ano como uma empresa que está começando, o investimento que precisa ser feito nela, quando a empresa não vai te gerar lucro nenhum, pelo contrário, só vai te sugar, tanto financeira quanto energicamente, fora o seu tempo que também será dela. Assim será seu pior ano, você tem que dar tudo, você vai sobreviver com o suor do seu rosto, com o sangue do seu corpo, com a lágrima do seu olho e com a sua gordura, acumulada ou não, você precisará de tudo isso. É O PIOR ANO, LEMBRA?

Para clarificar, vou fazer uma analogia com uma empresa. A data da empresa é o dia em que você abre, quando você precisa investir tudo nela. O próximo passo é o *Breakeven*, que é quando você para de colocar dinheiro na empresa, ou quando ela simplesmente para de sugar o seu dinheiro. Depois vem o *PayBack*, além da empresa não sugar o seu dinheiro, ela simplesmente te devolve o investimento que fez.

O próximo passo da empresa é quando você começa a delegar tarefas, quando nomeia cargos, quando você precisa de um CEO, porque uma empresa só cresce quando desmama do proprietário, senão o proprietário será apenas um trabalhador que assina a carteira de outros trabalhadores. E por último, a última fase da empresa é quando você a vende.

VOCÊ PIRA QUE A VIDA É DESSE JEITO? Empresas e pessoas são iguais porque empresas são feitas de pessoas. E assim como a empresa tem fases a sua vida também tem. Você nasce, cresce, começa a gerar valor, encontra seu ponto de equilíbrio, para de trabalhar igual louco, começa a delegar tarefas, vive em paz e depois passa dessa fase para outra. O segredo é saber lidar com pessoas. Não existe essa de eu não gosto de gente, porque a vida é sobre o valor que você gera para as pessoas. Se não gosta de gente, você não será capaz de gerar valor para as pessoas e isso não tem cabimento nenhum, até sem querer você está ajudando alguém, porque tudo na vida é valido, toda situação é um aprendizado, não existe perda, ou ganha ou aprende.

Para aprender a ser extraordinário você precisa deixar o extraordinário de lado. Eu nunca vi ninguém fazer nada extraordinário, como eu já disse, o extraordinário não existe. Eu já vi apenas pessoas que acreditam, pessoas que fazem o que precisa ser feito, pessoas que entregam tudo de si, pessoas que fazem isso diariamente E, POR REPETIREM TANTAS VEZES AQUILO, ELAS CONSEGUEM.

Você quer ser bom em alguma coisa? Então faça repetidamente, até aquilo ser normal para você, e quando for normal, continue fazendo até as pessoas verem o extraordinário em você, e não pare por aí, na verdade não pare nunca. Teve um ano que eu dei mais de 300 palestras, foi no ano de 2018, isso sem contar lives do Instagram e cursos, vídeos e afins. Todas essas palestras resultam em excelência, porque eu fiz tanto, mas tanto, que quem está de fora enxerga o extraordinário em mim, a minha persistência trouxe resultados, propriedade, influência, *networking*.

Só que na verdade não tem nada de extraordinário nisso, não tem nada de extraordinário em mim, o que nos difere é que eu faço apenas o que precisa ser feito, eu tenho foco porque eu sei qual é o meu alvo, eu sei qual é o meu objetivo. O que eu tenho que você não tem é um foco bruto e abrupto em fazer as coisas, foco que resulta em simplicidade. Por isso eu te falo, NÃO VIVA O EXTRAORDINÁRIO, QUE ELE NÃO EXISTE. VIVA O SIMPLES!

Tem algo de extraordinário em ler livros? Não. É simples.

O ano não é o ano que se inicia primeiro de janeiro, é o ano que se inicia agora, o ano inicia quando você toma uma decisão. O seu pior ano vai ser o pior de tudo, mas vou te garantir algo, como você vai investir, vai mergulhar nisso, vai chegar um capítulo que vou falar só sobre mentores, sobre livros. Sirva-se à vontade.

DEPENDE SÓ DA SUA SEDE E DA SUA FOME! Apenas siga em Frente, não pare nunca.

Não se preocupe com o cansaço porque ele é mais um *drive* mental errado, desfrute do seu tempo, viva a sua vida, cuide dela que você vai querer passar mais tempo acordado, mais tempo fazendo as coisas acontecerem, gerando valor. Pessoas que dormem muito dormem porque a vida quando estão acordadas é muito ruim. Faça a sua vida ser boa, só depende de você, siga em frente, defina um alvo e corra atrás dele. Faça a sua parte, faça as tarefas e não tem essa de preguiça, toda tarefa só é boa para quem a faz, não pense na tarefa como algo ruim, ela é apenas a ação do que você aprendeu. Comece a agir. Comece agora! Confie e acredite, esqueça o extraordinário e viva o simples a partir de agora. ESTAMOS JUNTOS!

## TAREFA

Esqueça o extraordinário e viva o simples

Tarefa 1: Direcione a sua vida para um alvo.

Tarefa 2: Esqueça o extraordinário e viva o simples.

Tarefa 3: Escreva 3 situações que você tem idealizado em excesso, tornando-as sofisticadas, e o que você pode fazer para transformá-las em algo simples.

1. _____
_____
_____

2. _____
_____
_____

3. _____
_____
_____

**NÃO ADIANTA ESTAR NA SUA CABEÇA. VOCÊ PRECISA ESCREVER TUDO AQUILO QUE VOCÊ QUER QUE ACONTEÇA.**

## CAPÍTULO 2

# O PODER DA ESCRITA

## ESCREVER É A ALMA SENDO EXPOSTA.

O **seu cérebro é a maior máquina de extração que existe, dele você é capaz de tirar o que quiser.** Muitos já conseguiram extrair muita coisa do cérebro e mesmo assim não foram capazes de extrair tudo, porque ele é ilimitado.

Para conseguir extrair o que está em seu cérebro, você precisa seguir alguns passos, e o principal deles é o título desTe capítulo, aescrita, ela tem um poder violento. Primeiro vamos entender o que ela é. A escrita nada mais é que trazer à existência aquilo que já existe.Você precisa aprender a escrever para mudar a sua realidade.

Você sabia que existem escrituras que são suas? Só que seu nome não está registrado nelas simplesmente porque você não entende de escrita. A escrita é importante para validar qualquer situação. Uma criança, por exemplo, quando nasce precisa ser registrada; uma venda quando é feita precisa ser documentada; quando duas pessoas se casam precisa ser oficializado. Tudo isso é feito através da escrita.

Existe uma coisa chamada escritura, ou melhor, As Escrituras, também conhecida por Bíblia. **Nela existem oito mil promessas, e essas serão cumpridas. Se você entender de escrita, pode aproveitar a graça, caso contrário outra pessoa**

**irá usufruir daquilo que é seu.**

Você está deixando de desfrutar de tudo que lhe pertence por causa da ignorância, e não precisa se ofender com isso. Como já disse, algumas coisas precisam ser faladas de outra forma para ver se você aprende de uma vez por que ainda não ativou seu vulcão.

Para aqueles que ainda se ofendem com as coisas que falo, sugiro um vídeo que chama: Não perdoe as pessoas. Porque quanto mais mágoa e frustração você carregar, maior será o peso para você levar.

Tem uma história que gosto de contar que retrata muito bem isso. Havia dois monges, e eles estavam atravessando a rua e nisso uma mulher se acidentou e precisava de ajuda imediata, não podia ficar ali esperando muito tempo. Por sua vez, os monges não podiam fazer nada, visto que pela lei deles não podem tocar em mulheres. Porém um deles não pensou nisso, imediatamente tomou uma atitude, pegou a mulher em seus braços e a levou para ser socorrida. Após ter certeza de que ela estaria segura, deixou-a e seguiu seu caminho.

Enquanto isso, o outro monge que o estava acompanhando ficou indignado pois seu colega havia quebrado uma regra, e aquilo era gravíssimo. E enquanto o monge ajudava a moça, ele ficou o tempo todo questionando e indagando como ele podia cometer aquele ato de desonra, como ele podia carregar aquela mulher. O dia passou, e o monge que carregou a moça nada dizia, pois monges são bons no silêncio, inicia a ma vida monástica com 365 dias sem dizerem uma palavra, então assimo fez. Não satisfeito, o colega atazanou o amigo o dia todo. Não contente em passar o dia assim, chegou à noite e continuou a indagar:

— Como você pôde carregar aquela mulher?

O amigo monge respondeu:

— Que mulher?

Seu colega então disse:

— Aquela que você carregou nos braços.

Então, com sabedoria, o monge replicou:

— Quem está carregando a mulher até agora é você.

Quando você precisa perdoar alguém de algo, você está carregando-o com você, o segredo é não se chatear com as pessoas, assim você não precisará perdoar ninguém.

As expectativas que criamos são o próprio fardo que carregamos, não coloque suas esperanças em alguém, crie autorresponsabilidade e cuide da sua vida, pode ter certeza de que você terá uma vida próspera e em paz.

Todas essas coisas que falo ao decorrer dos capítulos fazem parte da vida abundante que você precisa ter, deixar de carregar o fardo do perdão te deixa livre para abrir sua mente e ativar o poder da escrita.

Alguma vez você já questionou por que Deus deixou a Bíblia escrita? É questão de lógica, porque tudo que tem valor é escrito. O mais interessante é que antes mesmo da escrita a Bíblia já existia. Inicialmente era uma tradição oral, as pessoas falavam umas para as outras, só depois ela passou a ser escrita em peles de animais e em papiros. Depois que a imprensa foi inventada, é que ela foi impressa.

Um cara chamado James, um rei, foi um escolhido. Apesar de todas as dificuldades, nunca ficou de "mi-mi-mi", sempre teve um propósito, ele tinha os códigos, tocou o terror na Terra. E nessa caminhada, percebeu que o motivo da dificuldade para as igrejas se desenvolverem era A ESCRITA e resolveu acabar com esse problema. Convocou os melhores linguistas, os maiores eruditos da época, selecionou os melhores do mundo, que não eram apenas mentes brilhantes, mas sim cristãos comprometidos e dedicados à fé em Jesus Cristo e à Palavra de Deus. Com muito trabalho, traduziram a Bíblia para o inglês de forma mais fidedigna à original, que hoje conhecemos como a BÍBLIA KING JAMES, o livro mais publicado e considerado o mais importante na para o desenvolvimento da cultura e língua inglesa. King James foi um homem que enfrentou com fé suas lutas e dores, agiu baseado nos princípios e "tocou o terror na Terra".

Você que acha que eu falo muito desses assuntos, vou te explicar uma coisa, eu sou teólogo, e tudo que falo aqui são fatos, é histórico, não é religião, e por serem fatos, espero te ajudar com isso, pois o conhecimento liberta, e a sabedoria te faz agir.

Caso não goste disso, você é livre, fique em paz, leia e absorva somente aquilo que faz sentido para você.

**Para atingir seus objetivos, precisa escrevê-los, então você irá escrever seus alvos, você precisa dar um salto em sua vida, e não um pulinho qualquer, estamos falando de saltos com altitude, saltos exponencias.** Para começar, escreva: EU VOU CONSEGUIR. O primeiro passo é escrever e, se você for assertivo, melhor ainda. Mas antes vou te explicar alguns passos que vêm antes da escrita.

Lembre que seu cérebro é uma máquina, então está tudo nele, na sua mente, poupe-a e não gaste sua energia com preocupação, pois ela nada mais é que a má gestão da sua imaginação. E como tudo acontece na sua mente antes de acontecer na sua vida, as coisas começam na sua imaginação.

Primeiro passo é retirar as coisas do seu cérebro, você precisa agir, então coloque a mão na sua testa e puxe-a como se estivesse arrancando algo da sua mente, como se estivesse puxando a sua imaginação para fora. Depois que você fez isso, pense na sua mão como uma folha de papel, tudo que estava lá dentro agora está em sua mão, e você precisa documentar, passar para o papel, escrever. Faça-o! Depois que você escreveu, precisa verbalizar o que tirou da mente, dar propriedade, fazer sua boca alimentar seus ouvidos com o som da sua cabeça, verbalizando o que está na sua mente.

Comece a falar, fale alto, fale várias vezes, repetidamente, mas fale. Quando você começar a falar, imagine-se na situação, comece a levar sua mente até a situação, mentalize para que você chegue ao último passo, que é visualizar. Nossa mente chega antes do nosso corpo, ela comanda os instintos, ela deseja, então dê os comandos certos para ela criar o caminho, pois não importa como você irá fazer, você só precisa visualizar o que irá fazer.

A maior parte das pessoas que querem alcançar alguma coisa não têm nada escrito, porém gostam de falar: Está tudo na minha cabeça! **Você precisa botar para fora, usar a lógica do mundo, não existe esse negócio de deixar tudo aí dentro, você precisa colocar sentido nas coisas, fazer existir,**

**escrever, agir.** A partir dessa ação você deixará o rio fluir e verbalizará o que escreveu. A fala tem muita força, a palavra tem poder, tem tanto poder que Deus fez o mundo assim, falando. Por isso, verbalize.

ESTÁ ESCRITO ASSIM EM GÊNESIS 1: "DEUS DISSE: HAJA LUZ E HOUVE LUZ."

Por isso, ABRA A BOCA E FALE, você é imagem e semelhança de Deus, Jesus escolheu morar em você, disse que você irá fazer obras maiores que as dEle, e você fica aí guardando tudo na sua cabeça. NÃO! Isso não pode, mande uma ordem frequencial para o cosmos, entenda das coisas, estude, não se prenda a mais uma crença em que tudo que é diferente é místico, não seja religioso, seja livre e vá cuidar da sua vida.

Cosmologia é coisa do bem, você tem que estudar, tem que parar de ser ignorante. A ignorância é a corrente que te prende, é uma corrente tão frágil só que você não dá conta de quebrar. Esse que é o seu problema. Liberte-se.

Certa vez um cientista pediu para fazer um experimento com um prisioneiro que estava condenado à cadeira elétrica. Como estava sem esperanças, o prisioneiro decidiu submeter-se ao experimento. Este baseava-se no fato de que o cientista iria cortar uma artéria do prisioneiro e deixar pingar até que todo sangue do seu corpo secasse e ele morresse; conforme o sangue fosse acabando, o intervalo das gotas iria espaçando até que uma hora parariam de pingar. No dia do experimento vendaram o prisioneiro, mas, em vez de cortarem uma artéria, eles fizeram um simples corte, e no lugar do sangue pingando colocaram soro fisiológico. No início o soro caía mais rápido em um balde para que o prisioneiro soubesse que estava no começo, e com o decorrer do tempo, iam fechando o soro para pingar mais devagar, e assim sucessivamente, cada vez mais lentamente até a hora que fecharam o soro de vez. Assim que o soro parou de pingar, o prisioneiro teve uma parada cardiorrespiratória e foi a óbito.

Olha como nossa mente é capaz de nos conduzir para os mais escuros caminhos, como é capaz de manipular todas as ações do nosso corpo, como ela tem poder sobre nós. Por isso, deixe a sua mente livre, não seja ignorante, esteja aberto ao novo, ao impossível, ao inimaginável. **Pois a ignorância é apenas uma distância que você cria de algo que não conhece ou simplesmente de que não gosta.**

"IGNORÂNCIA É A DISTÂNCIA QUE TENHO DE ALGO QUE NÃO SEI E OU DE QUE NÃO GOSTO."

Agora que você deixou a ignorância de lado, vamos novamente aos passos para você usar o seu poder da escrita em nível *hard*. Primeiro passo é tirar as ideias da mente, vamos fazer os passos com gestos, porque quando você os relaciona o grau de fixação é maior. Então, para tirar as ideias da mente, você vai relacionar com a mão na testa; depois irá escrever, agora mão é papel; depois você vai falar, mão na boca; depois você vai visualizar, mão nos olhos; e por último, após fazer tudo isso, você irá fazer a mão recebendo, realização.

Temos cinco passos, cinco gestos:

1. Tirar da mente – mão na testa;

2. Escrever – mão é folha;
3. Falar – mão na boca;
4. Visualizar – mão nos olhos;
5. Realizar – mão recebendo;

O problema das pessoas, e provavelmente o seu problema, é que você quer realizar sem cumprir as etapas, é o mesmo que colher sem plantar, não tem como.

**Use o poder da escrita e pare de ficar atrapalhando o seu nome de aparecer nas escrituras, tome posse do que já é seu, aprenda a usaresse poder, a escritura dá poder, a escrita tem poder, use esse poder.**

Tudo que é escrito tem poder, a Bíblia tem poder, livros têm poder, porque são coisas documentadas, registros que serão passados adiante, oficialização de coisas que aconteceram, coisas que viveram, anotações do que muitos aprenderam. Como você pode deixar um legado, um ensinamento, um código se não for através da escrita? Imagine quantas coisas você não teria aprendido se seus antepassados não tivessem deixado suas escritas, ou quanto tempo perdido para chegar até onde já chegaram?

O primeiro livro que já escrevi, "*Antimedo*", foi um estouro, esgotou na Europa. E por que estou te falando isso? Eu bato sempre na tecla do agir, do fazer sua parte, porque esse livro foi fruto disso, fruto daminha ação, fruto de uma tarefa. Eu tinha lido dois livros, "*Mais espertoque o diabo*" (Napoleon Hill) e "*Antifrágil*" (Nassim Taleb), e esses livros despertaram algo em mim e decidi fazer uma palestra deles. No início achei que ninguém fosse se interessar, porque não imaginava que as pessoas quisessem saber a respeito do medo. Mas, mesmo assim, segui firme e "toquei o pau". Confesso que por um minuto quase joguei a palestra fora, mas pensei melhor e caí pra dentro. O negócio foi tão incrível, que foi uma das palestras mais lotadas que eu já dei. Foi muito mais que isso, foi surreal. Naquele momento eu descobri que eu estava bom mesmo, ou como um bom goiano diz, estava "bão". Você quer saber se você está bom em dar palestra? É só ter gente sentada no chão, aí sim o negócio está bom, e vou te contar, a sensação é boa demais.

Da minha indignação em ver as pessoas querendo saber do medo, resolvi escrever um livro, pois eram muitas palestras, muitas vidas transformadas, eu precisava registrar aquilo, dar poder a minha ação. Aí escrevi o livro, que ficou muito bom, recomendo que você leia.

O livro nada mais é que um poder da escrita, algo que estava guardado em outros lugares e foi documentado em um lugar só, criei um neologismo e formei um nome original "*Antimedo*".

**Você precisa escrever tudo aquilo que quer que aconteça.** No próximo capítulo, vamos falar de apontar a sua vida para um alvo. Quando você tem um alvo, não existem obstáculos porque você sabe aonde quer chegar, e para você entender isso ensinarei as ferramentas que eu uso.

Faço treinamentos com grandes empresas, times de futebol, empresários, artistas, então eu tenho propriedade no assunto, eu sei que funciona. São ações, tarefas baseadas em perguntas. São resultados que vou te dar. As pessoas só têm propriedade para falar de algum assunto quando têm resultados. Você prefere ouvir alguém que tem uma teoria ou alguém que tem a prova?

Eu sou um treinador multidisciplinar que pode te ajudar em todas as áreas da sua vida, já disse, esse é meu propósito de vida, ativar você, te mostrar que funciona, fazer você agir. Transformá-lo de um bom leitor para um fazedor de tarefas.

BORA TOCAR O TERROR NA TERRA? VAMOS COM TUDO!

Comece a agir, sua ação definirá sua taxa de sucesso, saber e não fazer é o mesmo que não saber. Por isso faça. A sua taxa de sucesso é definida pela sua fome e sua sede em aprender e colocar em prática.

## TAREFA

O poder da escrita

Passos para a realização humana
Passo 1: Escrever
Passo 2: Falar
Passo 3: Visualizar
Passo 4: Realizar

Faça uma lista de 25 situações/coisas que você deseja que aconteçam em sua vida. A partir do momento em que você escrever, comece a falar, visualizar e realizar. Elabore ao menos uma ação para cada tarefa.

|  |  |  |  |  |
|--|--|--|--|--|
|  |  |  |  |  |
|  |  |  |  |  |
|  |  |  |  |  |
|  |  |  |  |  |

**OBSTÁCULO É O QUE EU INVENTO QUANDO TIRO O OLHO DO ALVO.**

## CAPÍTULO 3

# QUAIS SÃO OS SEUS ALVOS?

## QUEM NÃO SABE PARA ONDE VAI, NÃO VAI A LUGAR NENHUM.

Você sabe o que são alvos? **Todo mundo precisa ter um alvo, quem não tem alvo não faz nada da vida.** Já ouviram aquela música que diz assim: "Deixa a vida me levar, vida leva eu..."? Você não pode deixara vida te levar, você tem que tomar posse e escolher a direção que querseguir. Se você pula em um rio e o deixa te levar, você irá percorrer águas que te levam de qualquer jeito, podendo enroscar em galhos ou até mesmo cair em fortes correntezas sem volta. Cuidado com esse estilode vida, não ter um alvo te leva a qualquer lugar, porque você não sabeonde vai e aceita tudo que aparece. Tem uma fala do filme "Alice no país das maravilhas" em que a Alice pergunta ao gato:

— Qual caminho eu posso tomar?

O gato replica:

— Para onde você vai?

Ela diz:

— Não sei.

O gato responde:

— Para quem não sabe aonde vai, qualquer caminho serve.

Este é o caminho que você tem pegado, qualquer um. Qualquer pessoa que se conecta você aceita, tudo que acontece você está aceitando. Você não tem um alvo, então se perde em meio a tantas opções, você não sabe onde mirar, simplesmente atira para todosos lados.

Pense em um atirador esportivo, eu sou um por sinal, sabe aquelealvo que cheio de círculos cujo objetivo é atingir o círculo central?Então, não adianta acertar as bordas, a beirada, é como se fosse um jogode futebol, acertar a trave não faz gol.

Se você tem um alvo não importam as coisas que estão em volta,os obstáculos que você vai encontrar no caminho, e eu sei que você vai,o que importa é acertar seu alvo, chegar no seu objetivo. **Por isso o alvoprecisa ser específico, assim você irá saber o caminho que precisa percorrer, o que precisa fazer,** como trilhar, como manter-se na linha,como acertar o gol.

Uma pessoa que não tem alvo não consegue acertá-lo, porqueela não sabe o que quer. Primeiro que as pessoas não sabem nem construir alvos e, como já disse, um alvo precisa ser específico. Não é só quererser alguém na vida e sim quem você quer ser na vida. Não é só querer fazer uma faculdade, e sim qual faculdade, quando, onde, e como você irá fazer. Entende a diferença? **O alvo precisa ser específico, se o alvonão for específico, não tem alvo.**

Vou desenhar para você, se eu quero montar uma pastelaria, issonão é um alvo, o alvo seria, eu quero montar uma pastelaria no centro da minha cidade, ao lado da loja tal, sua especialidade será pastel de carne seca, vou abri-la até março de 2020. Pronto, agora você tem um alvo. Outro exemplo bem comum de se ouvir: eu quero emagrecer. Isso absolutamente não é um alvo, é apenas murmuração. Um alvo é: eu quero perder 10 kg, irei perder 2 kg por mês, então até mês tal eu estarei com 10 kg a menos, vou iniciar uma reeducação alimentar com o acompanhamento da nutricionista tal e fazer academia no lugar "x" uma hora por dia, cinco vezes na semana. Entende a diferença agora? Dessa forma eu converto todas as minhas energias para atingir meu alvo até a data estipulada.

**As pessoas não fazem o que precisa ser feito porque não têm um alvo.** Lembre-se da frase da Alice, "Para quem não sabe aonde quer ir qualquer caminho serve". Para mim qualquer caminho não serve, e para você agora também não, por isso que esse vai ser o pior ano da sua vida. Você vai investir tanto na sua vida, que vai cuidar dela, porque é a sua vida e ela te interessa. Sua vida é muito importante, não apenas para você como também para quem a criou. Por isso você vai ter seu pior ano e vai aprender a cuidar da sua vida. Para isso precisa tomar vergonha na cara e colocar alvos de verdade, não esses alvos de mentira, essas coisas esquisitas que você tem aí.

Para com esse negócio de quero comprar um carro. Defina: Qual carro? Qual ano? Qual cor? Quando? Você precisa destrinchar o alvo, mitigá-lo. Seu alvo precisa ser quebrado, ser feito por etapas. É como se tivesse um funil no alvo e é naquele lugar que você precisa chegar e acertar. Por isso alvo é específico.

No final deste capítulo você vai escrever doze alvos de

vida. Porém ao decorrer do livro iremos trabalhar apenas um, mas você já tem outros onze alvos de *stand-by*. Eu, por exemplo, tenho quarenta alvos de vida, e dos quarenta eu já realizei oito. Tenho 32 anos de idade e posso te falar, a melhor coisa que há é quando você realiza alvo. Só que para que isso aconteça você precisa fazer as tarefas, a sua parte. Agir. Tarefas, por exemplo, eu já fiz mais de dez mil. O que você precisa aprender com tudo isso é que na sua vida você terá muito alvos, porém precisa de um alvo maior. O meu primeiro alvo, ou meu alvo maior, é agradar a Deus, como é agradar? Você não precisa fazer Ele se sentir bem, você só precisa fazer aquilo que Ele mandou fazer, e eu, no caso, estou fazendo isso muito bem.

Para ter um alvo, você precisa escrever, usar seu aprendizado anterior e VAI COMEÇAR A ESCREVER SEU ALVO. Exemplo: Quero comprar uma fazenda de 10000 alqueires. Você precisa entender de alvo para que sua vida não passe desperdiçada, na Palavra fala que nossa vida é um vapor, passa tão rápido que nem vemos. Na verdade, a vida é uma aventura e eu nunca vi ninguém sair dela a não ser morto; já que você vai morrer, entregue tudo que você tem logo e viva da melhor forma. Aposte todas as suas fichas, cai pra dentro e dê o seu melhor.

Uma vida sem alvo é uma vida frágil, pois sem alvo você se depara com obstáculos diariamente. Tem uma frase poderosa do Henry Ford: "Obstáculos são coisas terríveis que eu invento quando eu tiro o olho do alvo." Faz uns dez anos que essa frase bate no meu coração com força, eu dei uma parafraseada nela e ficou assim: **"Obstáculo é o que eu in-**

**vento quando tiro o olho do alvo."** Lembre-se disso, se está cheio de obstáculo é porque tirou o olho do alvo.

Em todas as áreas da sua vida você precisa de um alvo, em seu casamento, com seus filhos, seus negócios, na sua vida espiritual, em tudo. Agora que você já aprendeu a construir um alvo, vai começar a agir e definir seus doze alvos. Existem alguns pré-requisitos para seu alvo, na tarefa eles estão explicados passo a passo. Lembre-se: este é o pior ano da sua vida e ele começou AGORA. Você vai destravar uma década em um ano. TMJADF!

## TAREFA

Quais são os seus alvos?

Pré-requisitos para um alvo realizável específico: Faça com que seu objetivo seja claro.
Mensurável: Meça seu progresso.
Alcançável: Faça com que as coisas sejam possíveis. Realista: Trace metas realizáveis.
Tenha prazo: Determine uma linha de chegada.

Tarefa: Escreva agora seus 12 alvos de vida seguindo os pré-requisitos acima.

|  |  |  |  |
|---|---|---|---|
|  |  |  |  |
|  |  |  |  |

**TODO IMPEDIMENTO QUE VOCÊ TEM, NÃO TEM NADA A VER COM OS OUTROS, TEM A VER COM VOCÊ!**

## CAPÍTULO 4

# O QUE TE IMPEDE?

## SOLTE A CORRENTE INVISÍVEL QUE TE PRENDE A LUGAR NENHUM.

Você está tendo do pior ano da sua vida e por isso vai ter que aguentar porrada para descobrir o que está te impedindo, e vou te falar uma coisa que vai doer, mas você precisa saber, o que te impede é você, por isso quero que você diga em voz alta: EU ESTOU ME IMPEDINDO! **Você é o maior problema que existe na sua vida.** Não adianta querer culpar sua família, seus pais, as circunstâncias ou qualquer outra coisa em que você adora se agarrar para tirar o peso das suas costas, você precisa ter AUTORRESPONSABILIDADE.

Autorresponsabilidade significa tomar posse da minha vida e arcar com toda responsabilidade que existe em ser quem sou, ou seja, tudo que diz respeito a mim é problema meu. Existem dois fatores que impedem uma pessoa de seguir, são fatores internos e externos, e ambos têm totalmente a ver apenas com você. Fatores internos são a forma que você se enxerga, como se vê, como acredita que você é. A maioria das pessoas tem problema com autoimagem e provavelmente você é uma delas, quem tem esse problema dificilmente se vê da forma correta, pois se vê de maneira distorcida, diminuída, exagerada.

Quem não tem consciência de quem é precisa tratar isso, pois só dessa forma irá se ver da maneira correta, como imagem e semelhança de Deus. **Você é um verdadeiro leão ou leoa da tribo de Judá.**

Para tratar a crise de identidade é preciso virar a seta, mudar a direção e entender de uma vez por todas que, para voar, é necessário fazer uma viagem antes, uma viagem interna em que a direção correta é para dentro, qualquer pessoa que não viveu essa experiência de mergulhar em si tem problema com a autoimagem. Por isso comece já, autoimagem nada mais é que autoconhecimento.

Veja como tudo está relacionado! Estamos falando de autorresponsabilidade, lembra? Fora esses fatores internos que podem afetar sua vida, temos também alguns fatores externos, esses por sua vez podem estar relacionados ao lugar de onde você veio, a sua família, seus pais, ou a qualquer outra coisa, porém de uma coisa você precisa saber, tudo é problema seu.

Certas atitudes estão ligadas direta ou indiretamente a você e só depende de como você irá se portar diante delas, você pode escolher as circunstâncias como um teto para seus problemas ou fazer delas um trampolim rumo à solução. Você, meu caro amigo, precisa saber de uma vez por todas que tudo que acontece na sua vida é problema só seu. Para mudar essa realidade comece admitindo: O MAIOR PROBLEMA DO MUNDO SOU EU.

Vou contar uma história que retrata muito bem como a

solução das coisas só depende de nós, eu chamo de história do pão de queijo. Certa vez, estava dando treinamento na empresa em que trabalhava e pedi para um funcionário assar pão de queijo.

Era daqueles preguiçosos, sabe, que quando você pede algo já sairesmungando.

Em Provérbios fala: **"Como vinagre para os dentes e fumaça paraos olhos, assim é o preguiçoso para aqueles que o supervisionam"**.

Eu sei que após meia hora, nada de pão de queijo, eu fui atrás vero que estava acontecendo:

— Cadê o pão de queijo, jovem?

— Ah, as bandejas de assar o pão de queijo estão trancadas.

— E?

— Agora tem que esperar a pessoa que está com a chave voltar.

— Não, queridão, você nasceu para resolver problemas, de onde você tirou isso? Vamos lá resolver.

Fui lá com ele, ensinar como resolver. Olhei uma tampa de alumínio e já fui desenroscando, virei a tampa de cabeça para baixo para assar o pão de queijo.

E ele falou:

— Não! Vai estragar a tampa da panela.

— Já que você bloqueou uma ação minha, faça você a sua!

— Não, não tem como, tem que esperar!

Eu olhei para cima e tinha um telhado com aquelas telhas de barro, então eu pensei:

— Peixe na telha... pão de queijo na telha, bora assar pão de queijo na telha.

Ele reclamou:

— Ah, mas vai ficar com gosto de telha!

— Você bloqueou duas ações minhas, o que você vai fazer agora?

— Ah! Você é chato demais, vou pegar meu dinheiro e vou à padaria comprar esse pão de queijo.

Aí eu falei:

— Você não vai gastar esse recurso com isso, nem de tempo, nem de deslocamento, nem financeiro. Eu já sei a solução, mas eu quero ouvir de você. Qual a solução?

Sabe o que ele fez? NADA! Eu falei para ele:

— Você vai atravessar essa rua, vai bater no portão da frente, quando sair uma velhinha, uma senhorinha, você vai pedir para ela um tabuleiro, e ela vai te dar.

Pronto! Foi engraçado demais, passou de 3 a 5 minutos e ele voltou com o tabuleiro, rindo, com aquele sorriso velho e amarelo, conseguiu assar o pão de queijo e acabou a história.

O que você aprende com isso? **Todo impedimento que você tem não tem nada a ver com os outros, TEM A VER COM VOCÊ!** Lembra aqueles problemas de matemática, aqueles que te faziam pensar que era burro? Não existe isso, burrice não tem nada a ver, o que acontece é que simplesmente você não estuda. Problemas não estão em folhas, foram apenas transcritos nelas, problemas estão na sua cabeça, são relacionados ao seu grau de percepção, a sua maturidade. A escolha é sempre sua, você pode escolher ver TV ou estudar algo que destrave sua mente. Só depende de você.

Quais são os impedimentos? Impedimento é tudo que te impede de chegar no alvo, então para descobrir o que te impede você precisa saber aonde quer chegar. O lugar em que você quer chegar é seu alvo, dos doze que você citou no capítulo anterior vamos escolher um alvo para desenvolver e destrinchar aquilo que te impede de chegar nele. Na tarefa deste capítulo você irá listar 50 impedimentos, coisas que te impedem de seguir em frente. Vou dar alguns exemplos para clarear sua mente. Normalmente a primeira coisa que as pessoas falam é falta de oportunidade, na verdade não existe falta oportunidade, mas sim falta de atitude. Porém, se mesmo assim você ainda acha que falta de oportunidade é um impedimento, pode colocar na sua lista. Como eu venço a falta de oportunidade? Tendo atitude, me conectando às pessoas.

Outro impedimento comum é a preguiça, a procrastinação e por aí vai. Para você descobrir o que está te impedindo, precisa olhar os efeitos que isso está causando na sua vida, só você sabe como ela está, só você pode descobrir o que é, logo, só você consegue resolver. Você é capaz de resolver tudo, até aquele problema que é de família, sabe? Problema com pai ou mãe, esses são os piores, na verdade são os mais simples, pois pai e mãe você precisa honrar, e se eles são impedimentos é porque você não os honra. **E honrar pai e mãe não é apenas dizer amém a tudo que eles falam, honrar pai e mãe é fazer obras maiores que eles, aceitá-los como são, pedir perdão e amá-los.** Não tem essa de certo ou errado, pai e mãe você simplesmentehonra. Aceite seu pai e sua mãe do jeito que eles são. Entre na realidade deles e não gaste toda sua energia com coisas ou pessoas com que não é para você gastar. Certa vez em uma palestra, uma menina veio me rebater e eu falei que o problema dela era com a mãe, ela não achou ruim pois como não tinha um bom relacionamento com a mãe, gostou da ideia de a mãe ter culpa nisso, pois a mãe era chata.

Eu falei assim:
— Sua mãe vai mudar?
Ela disse:
— Não!
E eu perguntei:
— E você?
Daí ela disse:
— Nesse assunto eu também não vou mudar.
ENTÃO CADA UM TEM A VIDA QUE MERECE. PRONTO!

**Se você sabe que ninguém muda e você não quer mudar, conforte-se com a vida que tem, pois você tem a vida que merece ter.** O que te impede? Fatores internos são resolvidos com a autoimagem; fatores externos, com compaixão pelas pessoas, resumindo, a culpa é sempre toda sua. A culpa, no que tange a sua pessoa, é só sua.

Culpa não precisa ser algo ruim, uma coisa que eu carrego sobre a minha cabeça, um fardo, culpa pode ser algo bom, se colocada debaixo dos meus pés, a culpa se torna um impulso, como uma mola, e me empurra para a frente.

A CULPA É UM FARDO SE FICAR NA SUA CABEÇA, AGORA, SE FICAR DEBAIXO DOS SEUS PÉS, VIRA MOLA.

Todas as pessoas que se sentem culpadas criam um forte obstáculo na vida, é um dos maiores impedimentos que eu já vi, elas ficam tão pesadas e carregadas que não dão conta de sair do lugar. **Não se sinta culpada ou culpado por não ter conseguido fazer algo, por estar parado na vida, por não conseguir fazer agir ou fazer as tarefas que a vida te dá, canalize toda essa energia, pegue isso e transforme em ação, comece a ranger os dentes e grite: VAMOS PRA DENTRO! VAMOS CAIR PRA CIMA!**

Só entenda uma coisa, você precisa mergulhar pra dentro, porque se você não souber o que te impede, não vai conseguir construir a tarefa que te levará a solução. Teremos um capítulo apenas de tarefas, lá te ensino como fazer a tarefa assertiva, porque essa sim é pontual, vai direto na rachadura. Porém todos os passos anteriores a ela neste livro fazem parte da sua construção, por isso as listas e as tarefas que passo em cada capítulo são importantes; se você não estiver fazendo, na hora certa não saberá o que fazer. Não adianta me perguntar qual tarefa fazer. Para ter tarefa você precisa saber o que te impede!

**Tarefa boa é a que você constrói.** A tarefa nada mais é que a construção, e o impedimento é a matéria-prima da reforma. Para você comprar o material para construir alguma coisa, precisa saber o que vai construir, não tem como chegar em uma loja de materiais e pedir os materiais se você não sabe o que vai fazer. Isso não existe. O mesmo acontece com as tarefas e os impedimentos. A tarefa é a sua construção e o impedimento é o material que você irá utilizar para construir. Se você vai construir algo, assentar um tijolo, colocar uma viga, pintar ou atétrocar o forro, para tudo você precisa de material, porém cada situação exige um material diferente. Sem saber qual a ação, não tem como saber como agir. Se você não sabe para onde vai, não tem como ir. O fazer depende da matéria-prima, o fazer são as tarefas e a matéria-prima é o impedimento.O IMPEDIMENTO É O MATERIAL DE CONSTRUÇÃO, A TAREFA É A CONSTRUÇÃO.

Uma dica que te dou é que ao final de cada capítulo você já engatea marcha e faça as tarefas, assim você não corre o risco de deixar para depois, procrastinar. Na vida não existem atalhos, não tem como passar de fase com "mainhas", todos os passos precisam ser seguidos e as fases vividas integralmente, muitas vezes é necessário até voltar de fasee refazer, porque o aprendizado é dinâmico e em cada momento da vida temos uma nova descoberta. **Leia este livro quantas vezes você quiser, não seja um leitor atropelado apenas, seja um ser praticamente. Seja um fazedor de tarefas e, por favor, VÁ CUIDAR DA SUA VIDA!**

Este é o pior ano da sua vida. Só vai ser apenas uma vez na vida. TMJADF!

## TAREFA

O que te impede?

Liste quais são as 50 maiores coisas que te impedem hoje de realizar aquilo que precisa ser feito.

**AS MELHORES TAREFAS QUE EXISTEM SÃO AS QUE EU CRIO PARA MIM MESMO.**

## CAPÍTULO 5

# APRENDA A FAZER TAREFAS ASSERTIVAS

### FAZER TAREFA É FAZER ACONTECER.

Fazer tarefa nada mais é que fazer a sua parte, agir, fazer acontecer. Não vem com "nhenhenhe" de que não gosta de tarefa, isso é apenas um *drive* mental errado, não adianta falar para o seu cérebro que apenas ler resolve, porque ele sabe que não, ou ele te faz acreditar que sim, seu cérebro gosta do *standby*, ele economiza energia o tempo todo. Você sabia que a mentira é um modo de ele economizar energia? O tempo todo ele te engana para você achar que está tudo bem e não fazer as coisas acontecerem. Tome posse da sua vida e comece a agir, vá fazer tarefas. **Se você não fez as tarefas deste livro, você não fez nada.** As tarefas são tão importantes que este capítulo é apenas sobre tarefas.

Vou contar uma história de um presidente que foi o mais poderoso dos EUA, Abraham Lincoln. Ele era lenhador, era um homem muito simples e por esse motivo sua trajetória foi marcada na presidência dos EUA. Certa vez ele disse: "Se me derem duas horas para cortar uma árvore com machado, eu vou gastar 1h50min amolando-o e 10 minutos eu vou usar para cortar a árvore". O que isso quer dizer? Ele fez a tarefa antes de realizar a ação. A maioria das pessoas faz o quê? Querem pegar o machado, não entendem nada de machado, e vão para cima da árvore para cortar. E cortar árvore com machado tem segredo, caso a árvore tenha muitos galhos, se o machado ficar batendo neles perde o corte, acredite, já cortei árvore. Quando contei ao caseiro da nossa fazenda a história do Abraham Lincoln ele ficou encabulado, até virou a cabeça e disse assim:

— Quer dizer que, de duas horas, ele ia gastar quase tudo para amolar e cortar em dez minutos?

Eu disse:

— Sim!

Daí ele falou, é que esse Abraham Lincoln nunca viu uma aroeira.

Você precisa entender que amolar é lapidar uma pedra bruta para que ela possa chegar ao ponto de joia. **Tarefas são joias, só que para que elas se tornem joias você precisa lapidá**-las, porque no momento elas são só pedras. Só minérios perdidos nos quais muitos não conseguem enxergar beleza. Você entende como as tarefas são importantes? O problema é que você tem uma treta com tarefa que começou lá na escola. Na época da escola você queria ver TV Colosso ou outro programa de que você gostava. O meu era TV Colosso, rs. Quando acabava a aula, você só pensava nisso e a professora falava: "TAREFA PARA CASA!" Na sua cabeça já vinha: Esse trem não é de Deus! E ia para sua casa com um fardo na cabeça. E logo após almoçar, naquele seu momento de paz, quando você só pensava em dormir, assistir à TV Colosso, ou apenas brincar, o que suamãe fazia? FAZIA VOCÊ FAZER TAREFA!

Nisso você criou um *drive* errado de tarefa, que era algo que te privava de fazer o que você queria, o que te dava prazer. Se você quer validar o que estou falando, faça o seguinte, pergunte para os seus filhos,sobrinhos ou para alguma criança na rua: Por que você faz tarefa? As pessoas, as crianças, principalmente, fazem as tarefas por obrigação. As respostas que você vai ouvir:

- Porque meu professor mandou.
- Porque eu não passo de ano.
- Porque se não vou passar vergonha.
- Porque se não fizer terei que fazer uma atividade extra.

Pergunte para qualquer pessoa que faz tarefa o porquê ela faz isso.Pode perceber que pessoas que fazem tarefa estão adiante dos demais, sempre à frente.

Agora que você entrou no seu pior ano, as coisas também vão deslanchar para você, porque você já aprendeu a fazer tarefas. Agora precisa aprender a amar tarefas. Se quando você pensa em tarefa, não tem um *drive* positivo, você não irá progredir na vida. Como você vai construir algo se não sabe o que quer construir? E se você ainda está se perguntando sobre o que são *drives* mentais, fique em paz queteremos um capítulo apenas sobre isso.

Quando você pensa em tarefa, o que vem primeiro a sua mente? Trabalho? A etimologia da palavra tarefa é o tanto de trabalho queé empregado a alguém. Só que na verdade nem toda definição que estáno dicionário é o correto, ou o real significado para você. O significado de uma palavra é aquilo que sua mente entende sobre ela, por isso sempre é possível ressignificar algo, pois é só mudar o que você entende do assunto. Começa por tarefa, tarefa não é o trabalho empregado a alguém, a melhor tarefa é aquela que você se impõe. Anota isso aí: **"AS MELHORES TAREFAS QUE EXISTEM SÃO AS QUE EU CRIO PARA MIM MESMO."**

Se houver muitas tarefas que outras pessoas passam para você, tem algo errado com você. Você que precisa criar suas tarefas, porque as tarefas só irão fazer sentido para você quando você as criar, lembra que você precisa fazer parte do processo? Então, crie as suas tarefas!

Tarefas são respostas dos impedimentos, a tarefa é o projeto, a construção, aquilo que você quer fazer, e o impedimento é o material que você vai usar, a matéria-prima. Se você tem material, o que você faz? Então, eu tenho um monte de impedimentos, uma carreta de tijolos, por exemplo, o que eu faço? Vou lá e construo a casa, uma tarefa com os tijolos, faço muro, sei lá, depende do alvo. O que é o alvo? Construir uma casa? O que é? Então preste bem atenção nisto, se você tiver um tempo, gaste a maior parte dele investindo em amolar o machado. Mas a tarefa é diferente de projeto e de rotina. Vamos lá! Existe tarefa, projeto e rotina. Rotina é escovar os dentes, ir para a escola, almoçar, não tem nada a ver com tarefa. Projeto envolve sempre duas ou mais pessoas, podendo ser de média e alta complexidade. Tarefa geralmente envolve uma pessoa, podendo ter alta, média ou baixa complexidade. Vou te dar um exemplo, ir à Disney é uma tarefa ou um projeto para você?

Você provavelmente deve ser do Brasil ou de alguma

cidade quenão tem Disney, se você não for das três cidades que tem a Disney, para você ir até lá é um projeto. Mas se você mora a poucos minutos da Disney, ir até lá para você será uma tarefa. O que é tarefa? Na tarefa eu preciso colocar prioridade, que será meu grau de engajamento, meu grau de comprometimento, de 0 a 10, você vai fazer isso na tarefa ao final deste capítulo. Segunda coisa, eu preciso colocar a data, pelo amor deDeus, NÃO FAÇA TAREFA SEM UMA DATA FINAL!

Muitas situações com que me deparo ao longo da minha vida são de pessoas quequerem fazer tarefas e não colocam datas. Não vai funcionar nunca. "Pablo, qual é a data da tarefa, a de começar ou de terminar?"Sempre a de terminar, nunca faça tarefa no dia de terminar, comece sempre a fazer antes, o dia de entregar é o dia de acabar e não de começar afazer a tarefa. Lembra-se do feudalismo, tema daquele trabalho de história quevocê fez na 6ª série, talvez na 5ª série? Aquele queseu professor passou em fevereiro para entregar em maio. Você não levou esse tempo todinho para fazer, provavelmente fez em maio na parte da manhã porque você estudava à tarde, foi terrível.

Por que a gente deixa as coisas para a última hora? Porque nãopõe data.

Quando o professor passou aquilo, e eles tinham que ter ensinadoisso para nós, o que tinha que ser feito, precisava só colocar data, então se passou em fevereiro, coloca lá "dia 1º de março vou entregar tal coisa", mas, como não tem data, as coisas não existem.

Nesse começo de livro o objetivo foi apontar a sua vida

para um alvo, eu te mostrei sobre deixar o extraordinário e viver o simples, a achar os impedimentos e a ter tarefas assertivas. O que são tarefas assertivas? É focar em um alvo e gastar menos energia com coisas inúteis, foque no ALVO!

Vamos lá, antes de irmos para o próximo capítulo, você precisa ter autorresponsabilidade e concluir as tarefas, faça a tarefa que eu te passei agora, mas não avance sem fazer, porque senão é só balela.

CONHECER O SABER E NÃO FAZER É O MESMO QUE NÃO SABER.

Preste bem atenção, se você realmente quer tocar o terror na Terra, se você quiser mudar sua vida radicalmente, vai ter que mergulhar no pior ano, e o pior ano é investimento, é quando você vai formar os pastos, vai formar seu cérebro, vai reprogramar todas as coisas.

Fico feliz de você estar aqui, porque meu objetivo de vida é ajudar pessoas, destravar mentes, e espero que você conclua as tarefas, senão você não é bem-vindo aqui. Não vai adiantar nada, você vai ser só um leitor e SÓ LEITURA NÃO MUDA ABSOLUTAMENTE NADA! Então

preste bem atenção, faça todas as tarefas, veja a revisão, veja se você fez tudo, vai colocando tudo no seu caderno que agora a gente se encontra no próximo capítulo.

Grande abraço. TMJ!

## TAREFA

Aprenda a fazer tarefas assertivas

No capítulo passado você listou 50 coisas que te impedem de realizar o que precisa ser feito. Coloque cada impedimento em um campo da planilha abaixo e preencha a planilha com a tarefa para cada impedimento, grau de prioridade e data.

| IMPEDIMENTO | TAREFA PARA ENFRENTAR O IMPEDIMENTO | GRAU DE PRIORIDADE (0 A 10) | DATA FINAL PARA REALIZAÇÃO DA TAREFA |
|---|---|---|---|
| | | | |
| | | | |
| | | | |
| | | | |
| | | | |
| | | | |
| | | | |
| | | | |
| | | | |
| | | | |
| | | | |
| | | | |
| | | | |
| | | | |
| | | | |
| | | | |

**SÓ CUIDA DA PRÓPRIA VIDA QUEM SE AMA.**

## CAPÍTULO 6

# VÁ CUIDAR DA SUA VIDA

**SE VOCÊ PERDE TEMPO CUIDANDO DA VIDA DOS OUTROS, NÃO SOBRA TEMPO PARA CUIDAR DE VOCÊ**

E aí, como estão suas tarefas? Você tem feito suas tarefas? Espero que sim! Esse capítulo que vai ser uma aula violenta. VOCÊ VAI APRENDER A CUIDA DA SUA VIDA!

Por que você tem que aprender a cuidar da sua vida? Pelo seguinte:

**Quem não cuida da própria vida, está cuidando da vida de alguém e tem alguém cuidando da sua vida.** Essa é a geração mais trouxa da história da humanidade, onde ninguém cuida da própria vida, mas os que começaram a cuidar, MEU DEUS! As pessoas estão perturbadas! Você já cuida da sua vida? Vamos fazer um teste:

— Você sabe dizer não às pessoas?

Não sabe? Então não dá conta de cuidar da SUA VIDA.

Você está com uma pessoa daí acaba o seu conteúdo e o dela, e vocês começam a consumir o dos outros. Você tem esse comportamento? Isso é fofoca, viu! Falar bem ou mal de alguém que não está presente é fofoca! Quando você precisa falar de alguém que não está presente, é porque acabou o seu conteúdo e o conteúdo da pessoa que está com você. CUIDADO! ISSO TAMBÉM É NÃO CUIDAR DA PRÓPRIA VIDA. Quando você fica dependendo da necessidade de aprovação dos outros, isso é não cuidar da própria vida. Quando você vive fazendo favor EM EXCESSO para todo mundo, e não faz as suas principais tarefas, aquelas que fazem sentido para você, ISSO TAMBÉM É NÃO CUIDAR DA PRÓPRIA VIDA.

Você quer aprender?

Uma vez eu vi que 50% dos telespectadores do jornal Nacional respondem ao "BOA NOITE" do William Bonner, então quando eu te fizer essa pergunta, entra na *vibe*, entra no *flow* comigo que eu estou em *flow* com você.

Eu fiz esse livro PARA VOCÊ, como se você estivesse NA MINHA FRENTE MESMO. Agora a alegria que tem em meu coração será a mesma se você ler esse livro cem vezes, vou ter o mesmo *flow* com você, porque eu sei que algo vai mudar se você fizer suas tarefas. O SEGREDO SÃO AS TAREFAS!

Aqui embaixo vai ter a tarefa desse capítulo, espero que você faça e se concentre nela, ok?

Vamos lá, o que é cuidar da própria vida? Deus não tinha feito o homem para o trabalho, então o que ele fez depois de criar todas as coisas? Ele criou o homem.

**Se Deus quisesse opinião não tinha criado o homem depois.** Porque Deus criou o homem depois? Porque o homem ia dar opinião e Deus não gosta de opinião. Daí o que ele fez? Criou TUDO primeiro e depois falou assim: Agora vou fazer alguém à minha imagem e semelhança. E no sexto dia fez o homem. No sétimo dia, que era o dia do descanso, Adão falou assim: Não, hoje eu quero trabalhar! E sabe o que aconteceu? Deus deixou, deu o livre arbítrio para o homem e, naquela hora, o homem usou o livre arbítrio e decidiu ir embora do Jardim do Éden para ir para a Fazenda Querubim. Se Deus quisesse que você fosse trabalhador, Ele teria feito homem na fazenda Querubim e não no Jardim do Éden, que significa "delícias".

O que é aprender a cuidar da própria vida? É parar de ficar dentro de aquário, e ir para oceano, LIVRE! Quem está no oceano vai para aonde quiser, faz o quer da vida. Eu vou te falar o que aprendi com santo Agostinho, ele é o maior católico, o maior teólogo do mundo, e falou assim: "AME A DEUS E FAÇA O QUE TU QUERES!"

Essa lei é muito poderosa, sabe o que é cuidar da sua vida?
- Não depender de aprovação dos outros;
- Não viver achando que você está acusado, com fardo ou culpa;
- Não viver gastando sua energia com coisa que não faz sentido;
- Não ficar andando com gente que está te colocando para baixo;

VOCÊ TEM QUE APRENDER ISSO!

**Pablo, meu pai e minha mãe são assim. Honre seu pai e sua mãe, pois eles NÃO SÃO PESSOAS DE QUEM VOCÊ IRÁ SE DESCONECTAR!**

Cuidar da própria vida envolve quatro coisas, inclusive fiz uma pulseira, pela qual tenho um carinho enorme e sempre uso. Têm quatro coisas na pulseira, esses quatro ícones significam:

- SE CONECTAR A NOVAS PESSOAS;
- FAZER PERGUNTAS;
- FAZER TAREFAS;
- SE AMAR;

Tem uma regra de três nisso para você: Se conecte a três novas pessoas por semana, faça três perguntas: para você mesmo, para Deus e para a pessoa que está a sua frente. Não viva nenhum dia sem pelo menos realizar três novas tarefas e, por último, o amor próprio. Como é o amor? O amor é acessar a FONTE, vem um amor do Criador, Ele inunda você, você se sente amado, SE AMA, e o transbordar faz o resto, AMAR OUTRAS PESSOAS.

NÃO DÊ O QUE VOCÊ NÃO TEM. VOCÊ TEM QUE APRENDER ISSO.

Esse rio vai fluir dentro de você. É só você deixar descer, não segura, porque isso não é seu.

Por que você tem que cuidar da sua vida? No próximo capítulo você vai descobrir como ativar sua ira, e você vai ter um capítulo para o qual quero chamar sua atenção desde agora: "Como ativar sua ira para você sair do lugar?" Mas, para ativar sua ira você precisa aprender a cuidar da sua vida, e **só cuida da própria vida quem se ama**. Sabia disso? Quando você se sente menos do que é, quando você tem problema de autoimagem, você não cuida da sua vida.

Você quer cuidar davida dos outros e aceita o tempo inteiro que cuidem da sua vida. Você quer uma dica? VÁ CUIDAR DA SUA VIDA!

Parece agressivo quando você ouve pela primeira vez, mas se você não gosta de ouvir isso é porque realmente tem problema com isso. Você não está cuidando ou está se importando demais com a opinião dos outros. O QUE É CUIDAR DE FATO? É SE AMAR!

O que faz sentido para você agora? Você vai fazer uma listade coisas que fazem sentido para você. O que você não tem feito? Porque você está se sacrificando por situações ridículas que não sãosuas. POR FAVOR, VÁ CUIDAR DA SUA VIDA!

O primeiro passo para cuidar da sua vida, sabe qual é? Se desconecte daaprovação dos outros. Esse é o primeiro passo para cuidar da sua vida. Ao invés de ficar seguindo pessoas que mandam e ficam ditando coisas para você, siga o Mestre, o Criador do Céu e da Terra e entenda o que Ele está mandando você fazer. Pablo isso é rebeldia, não. Não é! As pessoas querem manipular umas às outras, e não é por maldade, esse é que é o problema. Vou explicar: Teve um capítulo em que eu falei:

- Não aceitar nada;
- Questionar tudo;
- Fazer diferente;

Se você aprender isso, você está cuidando da sua vida. Se você aplicarisso então, meu Deus! Você não sabe o nível de gestão da vida que vocêvai ter. Olha o que está faltando para você:

GESTÃO DA PRÓPRIA VIDA! Se você fizer essa gestão, as doze áreas da sua vida vão explodir. Quais são as doze áreas? Eu vou falar depois.

ESSAS DOZE ÁREAS SÓ FUNCIONAM SE VOCÊ FIZER GESTÃO DA VIDA.

Então faça assim: respire bem fundo e repita: EU ESTOU PRONTO PARA FAZER A GESTÃO DA MINHA VIDA. Esse cargo não é de ninguém, não coloque gente que não entende sobre você para fazer isso. O MAIOR ESPECIALISTA SOBRE VOCÊ É VOCÊ MESMO!

Quer uma dica: VÁ CUIDAR DA SUA VIDA! TMJ!

## TAREFA

Vá cuidar da sua vida

Faça uma lista de coisas você faz e geram resultados para você, e também uma lista de coisas que você faz e, além de não fazerem sentido, não geram resultados a você. Aquilo que não gera resultado positivo, estabeleça uma ação para resolver. O que não for realmente necessário, DESCONECTE-SE.

| ATITUDES QUE EU TENHO E QUE: FAZEM SENTIDO (GERAM RESULTADO POSITIVO) | ATITUDES QUE EU TENHO E QUE: NÃO FAZEM SENTIDO (NÃO GERAM RESULTADO POSITIVO) |
|---|---|
| | |
| | |
| | |
| | |
| | |
| | |
| | |
| | |

**VOCÊ PRECISA TER CORAGEM PARA TROCAR DE EXPERIÊNCIA. DECIDA HOJE NÃO OLHAR PARA TRÁS.**

# CAPÍTULO 7

# NOVOS HÁBITOS

## O QUE SE TRANSFORMA JAMAIS VOLTA A SER O QUE ERA

E aí, bora cair para dentro? Espero que você esteja fazendo as tarefas. Sabe do que vamos falar agora? Como criar NOVOS hábitos! Essa criação de novos hábitos é o que diferencia um ser humano de um animal, o que diferencia um porco de um homem, é a capacidade de gerar ou de abandonar hábitos.

**Hábitos são atos repetidamente disciplinados.**

Depois de um certo período o que vai acontecer? Ele é instalado como hábito. Então é preciso repetir de forma disciplinar, depois dessa disciplina inicial, ela já não é mais necessária, pois o hábito já se INSTALOU.

É assim, vou te explicar: Você precisa aprender como "parir" esse hábito, vamos pensar no ato sexual, porque você gosta disso, eu também gosto porque isso é bom demais. É o seguinte, o hábito precisa ser fecundado primeiro, aquela emoção inicial de "vou fazer tal coisa" é o ato sexual, depois o sêmen passa para o útero e vai acontecendo o que você já sabe. Algumas pessoas "abortam" esse hábito ainda pequeno, um feto. Por que elas fazem isso? Porque elas não esperam o bebê nascer! Depois que o bebê nasce ele tem que ser nutrido, cuidado, receber carinho, esperar nove meses, ou seja, cada hábito tem um tempo.

Por exemplo, o burro, a mãe fica quatorze mesescom ele na barriga, o ser humano, nove. Cada um tem seu *time* para ser "parido", para vir ao mundo.

E o que as pessoas mais fazem? Elas querem que simplesmenteas coisas aconteçam do NADA, que já saia um bebê chorando. Não é assim. Você vai cuidar e depois o bebê vai nascer. Tem como soltar um bebê assim? Não tem.

Primeiro você tem que amamentar, depois inserir a papinha, muito depois a picanhae daí você solta para o mundo. O que é um hábito verdadeiro? É depoisque o bebê estiver solto. É um bebê que já anda, que faz tudo. Que jácresceu, virou um menino, um adolescente e agora é um adulto. É **nessahora que o hábito** é **hábito mesmo. Existe um processo.**

Se você gostou do exemplo, é o mesmo exemplo da semeadura, é o mesmo do espermatozoide, é o mesmo o sêmen. Preste atenção! Sêmen significa semente, você acredita? É a mesma coisa, tudo tem seutempo e sua ocasião, seu *time* de resposta e está intimamente ligado na espécie.

O QUE SÃO HÁBITOS? SÃO CICLOS REPETIDOS PARA DISCIPLINAR ATOS QUE VIRAM HÁBITOS. Os hábitos não precisam mais de disciplina. O que você precisa aprender? Que existe uma diferença entre princípio e regra. Se você é uma pessoa que anda na regra, dificilmente vai ter um hábito. Se você instala princípio,rapidamente isso vira um hábito.

Existem três tipos de hábitos. E para cada tipo de hábito

temos três datas diferentes. E são eles: os hábitos simples, os medianos e os complexos. Para o hábito simples ser mudado você precisa desete dias. Por exemplo, café com açúcar, sete dias você muda isso.

Uma dica: Para você que quer tocar o terror na Terra, CORTE OAÇÚCAR! O açúcar está deixando seu corpo horrível, não tem respostanem malhando.

Recapitulando, sete dias: hábito simples. Para o hábito mediano sãonecessários vinte e um dias. Por exemplo, a caminhada, a pessoa sempre seempolga no começo, mas se ela não vencer esses vinte e um dias ela nãovai dar conta de caminhar e muito menos deir à academia. Para o hábitocomplexo são necessários quarenta dias, por quê? Quarenta significa *reset*cerebral. A arca de Noé ficou quarenta dias, Jesus passou quarenta dias nodeserto e quando ressuscitou também foram quarenta dias. Para quem écatólico, quaresma tem quarenta dias. Porque hábitos complexos precisamser validados todos os dias. Quais hábitos são esses? Por exemplo, fofoca, cocaína, pornografia, entre outros, são coisas que precisam ser validadas diariamente. Entende?

Agora a maior parte dos hábitos precisa de sessenta e seis dias para gerar autoridade. Lembra-se da autoridade de que falei lá atrás? O hábito precisa ter uma validação de autoridade, saber que realmente vocêestá fazendo. O seu cérebro te conhece, ele sabe que você fala as coisas e não cumpre, isso gera uma briga. Porque seu cérebro sempre te manjou e sabe que você quer fazer as coisas e não faz, ele não bota fé em você. Agora se você quebra essa barreira, consegue validar a autoridade, daí já era. É só ficar "ciclando" e voltando nos ciclos que você passa essa data de validação com sucesso. **Entenda algo: se você investir noshábitos sua vida vai ser TRANSFORMADA E VOCÊ VAI BOTAR O TERROR NA TERRA.**

Agora você vai começar a anotar uma coisa para a sua tarefa. Quero que você escolha sete hábitos antigos que você vai abandonar, deixar para trás, e sete hábitos novos que você vai adquirir. O que vai acontecer? Vão dar quatorze hábitos de diferença. Não coloque hábitos conectados, por exemplo, abandonar o refrigerante e beber água, coloque coisas que não têm conexão. No fim serão quatorze coisas novas acontecendo.

O ABANDONO E A INSTALAÇÃO DE ALGO NOVO.

**Você precisa ter coragem para trocar de experiência. Decida hoje não olhar para trás.**

Esses dias eu estava ministrando o método IP na Alemanha e me perguntaram quantos hábitos eu havia mudado nos últimos anos, fui contar e deu mais de cinquenta. Cortei açúcar, cortei pornografia, cortei televisão, comecei a ir à academia todos os dias, cortei fofoca, entre outros.

Meu amigo vou te falar uma coisa, imagina quanta coisa você tem que cortar para ganhar energia para canalizar no seupropósito de vida? Sabe o que vai acontecer? Vai ser dolorido este ano.

Todo ano você faz muitos planos e não realiza nenhum. Todo anovocê quer malhar e não malha. Sabe por quê? Porque você põe regra! Está aí o segredo: Regra X princípio. **Regras foram feitas para serem quebradas, princípios não.**

Por que o livro de Salomão nunca passa? Já se passaram

milênios e o livro continua atual? Porque ele não é um livro de regra, é um livro de princípios, lá não fala assim: Vá fazer medicina! Fala: Aquele que é diligente vai prosperar com o trabalho das suas mãos. É diferente, é um princípio, ou seja, se você for diligente você vai prosperar. Lá está escrito, se você amar a sabedoria você vai ter riqueza e honra, isso não é uma regra, isso é princípio.

**Princípio é pilar, enquanto regra é telhado.**

Não ponha telhado sem ter o pilar, sem ter a construção. Você ouviu o que eu falei? Se você não entendeu, releia, pois é muito importante você entender a diferença entre regra e princípio.

Vamos combinar aqui, você está bebendo refrigerante? Larguei esse negócio também, há muitos anos. Se você não abandonar esse tipo de coisa, sabe o que vai acontecer? Primeiro você vai se matar antes da hora, o seu agora sempre estará comprometido, pois você vai gastar energia com algo que não era para você estar gastando. Você ouviu? Não gaste energia com coisas que não são do seu propósito.

Eu sei que vai ser chato no começo, eu lembro o quanto fiquei chato, mas quem vai te achar chato é só quem não sabe se libertar, então fica em paz. Sacou?

Agora tem um hábito desencadeador que eu quero te passar, que eu faço há quatro anos, sabe qual é? BANHO NATURAL. Eu moro em Goiás, e as pessoas daqui são frescas também, elas falam: Meu Deus!

Não tenho coragem! Aí vou para São Paulo os meus alunos de lá fala a mesma coisa, vou para a Alemanha e os alunos de lá também falam a mesma coisa, e aí eu vou para a Suíça, lá sim a água é gelada, no resto domundo não é não. E as pessoas gostam de dar desculpa em todos os lugares, pode ser em Goiás, São Paulo, Alemanha, Suíça, mas vou te contar uma coisa: EU SOU AQUELE QUE PAROU DE DAR DESCULPAS, sabe o que é desculpa? Anota aí:

DESCULPA É UMA MENTIRA "GOURMET", que eu tento dar para os outros e NÃO COLA COM NINGUÉM, nem comigo! Por quevocê fica fazendo isso?

Chega de história triste, qual a sua "desculpinha"? PARE COM ISSO! Está aí uma tarefa para você: Este vai ser o pior anoda sua vida? VÁ PARA A ÁGUA NATURAL! Você é fresco? Se vocênão for, você vai. **Você quer botar o terror na terra ou não?** Há quatroanos eu não ligo o chuveiro absolutamente uma única vez, duasvezes eu tive contato com a água quente, foi na pousada do rio quenteonde a água é NATURALMENTE quente. Eu não me encontro comágua quente sabe por quê? O banho natural, além de ter treze benefícios, faz parte da minha rotina, do meu *boot* cerebral diário. Eu ensino no método IP essas coisas e já estou te falando: Cai para dentro e faça. LARGA DE SER FRESCO.

Você quer mudar seus hábitos? Você quer ser diferente de um porco? Mude seus hábitos! Você bebe muita cerveja? Beba menos! Você fala da vida dos outros? Pare de falar! Você mexe com pornografia? Pare! Tem coisas que são muito boas e você precisa só diminuir e tem coisa que precisa cortar. A maioria dos vícios que você vai abandonar é de coisas que você tem que cortar e não diminuir. Sevocê não tem liderança sobre a bebida, corte. Pronto e acabou.

Então faça o seguinte, leia as recomendações e faça as tarefas. Você vai colar na sua geladeira e o "pau vai quebrar". Fechou?

Espero que você tenha gostado deste capítulo. Imagino que vocêsó vai gostar se tiver resultados, e você só vai ter resultados se fizer as TAREFAS!

ESTE É O ANO QUE VOCÊ VAI TOCAR O TERROR NA TERRA, POR ISSO VÁ CUIDAR DA SUA VIDA.

Abraço. TMJADF!

## TAREFA

Novos hábitos

Tarefa 1: Inserir na planilha abaixo 7 hábitos que você precisa abandonar.

| LISTA DE 7 HÁBITOS PARA VOCÊ ABANDONAR |
|---|
|  |
|  |
|  |
|  |
|  |
|  |
|  |

Tarefa 2: Inserir novos hábitos para serem repetidos durante os períodos abaixo, de acordo com a complexidade de cada um deles.

| HÁBITOS SIMPLES (REPETIDOS DURANTE 7 DIAS) | HÁBITOS MEDIANOS (REPETIDOS DURANTE 21 DIAS) | HÁBITOS COMPLEXOS (REPETIDOS DURANTE 40 DIAS) |
|---|---|---|
| | | |
| | | |
| | | |
| | | |
| | | |
| | | |
| | | |
| | | |
| | | |
| | | |

# O MAIOR ATO DE LIDERANÇA DO MUNDO É O ATO DE LIDERAR A SI MESMO.

# CAPÍTULO 8

# AUTOGOVERNO

## VOCÊ SABE QUEM É QUE MANDA?

E aí, como você está? Está fazendo suas tarefas? Que bom, se não estiver não vai adiantar absolutamente NADA.

Esse Este capítulo é sobre AUTOGOVERNO. Você sabe qual é o maior ato de liderança que existe no mundo? É o ato de liderar-se a si mesmo. Esse é o maior ato de liderança do mundo! Você está pronto para conhecer o autogoverno? Autogoverno é conhecer a si mesmo é governar o seu próprio corpo.

Todos os dias eu levo e busco meus filhos na escola. Certo dia na hora de ir embora meu filho começou uma brincadeira, balançava a cabeça e gritava: AHHHH!!!

Essas "maluquices" de criança, sabe? É muito legal porque criança sabe fazer isso muito bem. Só que com isso ele parou de me ouvir, tentei chamá-lo, mas ele perdeu a audição, perdeu também o contato visual porque estava com a cabeça para cima, e com tudo isso ele perdeu o norte. E o que aconteceu? Ele caiu em uma mureta e pranchou as costas no chão.

Quando você perde o autogoverno, assim como uma

criança pequena, o adulto reage da mesma forma. Quando você para de ouvir, para de enxergar, você vai perder o norte. Na perda de norte, você perdeo rumo, seus resultados e alguns perdem até a própria vida.

O que vocêtem que aprender com o autogoverno? Autogoverno é o controle sobre simesmo. Em Provérbios está escrito: **"Melhor é o homem que governa seu espírito do que o que toma uma cidade".** Significa que o homemque governa a si próprio é mais valente que aquele que toma uma cidade, ou seja, um país em guerra no contexto de Provérbios.

Você sabe por que existem os líderes? Esse livro não é de liderança não, é só para abrir a sua mente. **Só existe líder porque você não fazo que precisa ser feito.** Então você precisa de alguém para mandar emvocê, você precisa disso? Você já não aprendeu?

APRENDA A CUIDAR DA SUA VIDA!

Por que autogoverno? Porque você não vai ter disciplina. Você acabou de aprender sobre hábitos, como você não sabia como gerar esses hábitos, eu vou te mostrar o que vem antes deles.

Cara, mas por que aprender o que vem antes, depois? Porque primeiro você ouve uma coisa comum para depois destravar o que não é comum. Vamos lá, o autogoverno é autodisciplina, que gera o que? FORÇA DE VONTADE. Anote isso aí:

AUTOGOVERNO = AUTODISCIPLINA = FORÇA DE VONTADE

Quais são as três coisas que quebram a força de vontade?

- As coisas que você fala;
- As coisas que você come;
- Os impulsos sexuais;

Como você está com essas três coisas? Comer é tanto o alimento que você coloca na boca, quanto o que come com os olhos e os ouvidos. Você se alimenta com todos os seus canais. Está ouvindo coisas baixas demais?

A Palavra fala que as más conversações corrompem os bons costumes. Ouvir, ver e falar, essa boca é um alimento também, por- que quando você fala algo, que também é um canal, seu ouvido também ouve, CUIDADO VIU! **Não seja você que fale mal de você e nem dos outros!**

Então são três coisas para aumentar sua autodisciplina, a primeirasão as coisas que você fala, elas são dobradas, porque além de você falare afetar os outros, afeta seu cérebro porque você tem um *feedback*, o ouvido é um *feedback*. A segunda são as coisas que você come, pela boca, ouvido e olhos. E a terceira são seus impulsos sexuais, vou falar um pouco deles para você entender.

Os impulsos sexuais são a parte hidráulica, sua água no corpo. Quando você ouve a primeira vez em uma conversa a palavra "sexo", você pensa em genitália, que é o órgão sexual feminino ou masculino, tanto faz. Sexo não é o órgão, não é a ficção de vagina e pênis, isso é só a torneira do sistema hidráulico. Seu cérebro é uma caixa d'água, e essa água vai sendo irrigada para o corpo. Quando você sabe canalizar seus impulsos sexuais você fica uma pessoa com energia diferente, um brilho no olhar diferente e as pessoas te acham interessante. Quando você gasta com pornografia, que eu já comentei, quando gasta com infidelidade ou COISAS QUE NÃO TEM NADA A VER, SUA ENERGIA CAI, VAI LÁ PARA O CHÃO. VOCÊ VIRA UM LIXO!

Por que o autogoverno? Por que essa aula? Porque se você não se controlar você vai fazer "doidura"! Não está bom na sua casa, daí alguém no serviço é "melhor" e você quer ficar com essa pessoa. Você está doido? Pablo, você é a favor de que cada pessoa se case com uma? Para que secasar com duas? Você não dá conta nem de uma!

Você não tem inteligência emocional para gerir duas pessoas não, é só uma. Cada um com um.

Ah, mas eu não acredito no que você está falando? Se você não acredita escreva seu livro que eu vou ler para ver se faz algum sentido. Se está dando resultado, melhor, resultado satisfatório. Se tiver me conta.

Vou falar uma coisa: eu sou homem de uma mulher só, só namorei uma, casei só com uma, é só transei com uma mulher a minha vida inteira, e sabe o que eu espero? Que isso continue para sempre. Por quê? Porque ninguém tem esse tanto de energia para gastar com os outros.

Por que, Pablo, você está falando isso? Porque se eu controlar as coisas que saem da minha boca, se eu controlar as coisas que estou comendo e se eu controlar meus impulsos, EU VIRO O JASPION! Você quer virar o Jaspion?

Eu falei que você vai tocar o terror na terra, né? Agora imagina você, sei que não são todos assim, você que já transou com vinte, o que ganhou com isso? Você ganhou foi um monte de laço de alma, mas nãoé o assunto de hoje. **O autogoverno é você não andar induzido pela torneira do sistema hidráulico.**

— Ai meu Deus! Não dou conta, eu preciso fazer!

Então canalize essa energia! Canalizar de que jeito? Canalizar de forma correta seus pensamentos para você virar uma pessoa brilhante na fala e em outras coisas que você for fazer. Gastar a energia desses impulsos para escrever. Para dar boas palestras. Para se conectar em reuniões. Para você ser promovido. Para abrir sua empresa.Energia vazada é aquela drenada em coisas que não têm ABSOLUTA- MENTE NADA A VER. Você está entendendo o que eu estou falando?

**Autogoverno é o ato de liderar-s e a si mesmo.** Lembra que tefalei do ato desencadeador, que eu tomo banho na água natural?! Que é água fria ou gelada, depende do lugar. Só o autogoverno leva você a fazer isso. SÓ O AUTOGOVERNO. AUTOGOVERNO VAISER NO FINAL DAS CONTAS A AUTODISCIPLINA QUE IRÁ GERAR FORÇA DE VONTADE.

Então recapitulando, vai ter uma tarefa aqui para você medir a pontuação e o que está impactando sua vida e quais tarefas você pode fazer para resolver isso. AUTOGOVERNO É GOVERNAR-SE A SI MESMO! VOCÊ ESTÁ PRONTO PARA ISSO?

Esse sim é o pior ano, por que o pior ano? Porque você vai gastarmuita energia, irá gastar sangue, suor, gordura e lágrima para mudar. Mas vai ser o PIOR ANO DE TODOS, e você não vai ter outro ano assim, fique em paz.

Continuem fazendo as tarefas, os capítulos são curtos porque não precisa de "blábláblá", não precisa de gordura, nós vamos direto ao ponto, e é isso o que interessa.
VÁ CUIDAR DA SUA VIDA E BORA TER O PIOR ANO!

## TAREFA

Autogoverno

Autogoverno - Autodisciplina - Força de vontade

Três coisas que quebram a sua força de vontade:
1. As Coisas que você fala;
2. As coisas que você come;
3. Os seus Impulsos Sexuais;

Para instaurar um novo hábito você precisa primeiramente aprender a dominar sua força de vontade. Por isso, pontue de 0 a 10 cada uma das áreas acima e produza uma tarefa para melhorar sua nota em cada área.

| ATITUDE | NOTA (0 A 10) | TAREFA |
|---|---|---|
| Coisas Que Você Fala | | |
| Coisas Que Você Come | | |
| Impulsos Sexuais | | |

# UM *DRIVER* ERRADO PRODUZ UM RESULTADO ERRADO.

## CAPÍTULO 9

# DRIVERS MENTAIS

## SUAS CRENÇAS LIMITAM SEUS RESULTADOS

Agora nós vamos falar de mentalidade, como mudar a sua mentalidade, os *drivers* mentais. Você sabe o que são? **Anota aí, *drivers* mentais são as respostas imediatas do cérebro.** Vai ter uma tarefa ao final deste capítulo, e você vai anotar. Eu preciso que você repita isso todos os dias. Eu vou compartilhar cinco *drivers* mentais com você.

O *driver* mental é uma resposta imediata. Por exemplo, se eu tenho uma impressora HP e eu tenho que instalá-la com um CD, tem que ser com o CD próprio dela. Se eu usar outro CD vai funcionar? NÃO! Você quer ser rico, só que você tem o *drive* da pobreza, da improdutividade, o que vai acontecer? NADA! Você entendeu? Absolutamente nada.

Então está aqui uma dica poderosa: Pare de colocar *drive* errado para ter o resultado que não tem nada a ver com aquele *drive*.

**UM DRIVE ERRADO PRODUZ UM RESULTADO ERRADO!**

Eu vou soltar cinco *drivers* aqui, quero que você anote para ir fazendo e relembrar depois. O *drive* mais poderoso que eu uso é: EU NUNCA PERCO, OU GANHO OU APRENDO! Se a sua vontade de aprender for maior que a de ganhar, você vai vencer na vida. Qual o *drive* que você vai anotar?

EU NUNCA PERCO, OU GANHO OU APRENDO!

O que significa isso? Que eu estou em constante aprendizado. Porexemplo, você emprestou um dinheiro, dez mil reais, a pessoa não te pagou, você perdeu os dez mil? Claro que não! Você aprendeu a não ser otário, a não emprestar dinheiro, você não é banco. Você era otário,aprendeu a não ser e está tudo resolvido, só te custou dez mil reais, masvocê aprendeu. Sacou?

Segundo *drive* mental, anota aí:

QUEM É BOM EM DESCULPA NÃO É BOM EM MAIS NADA!

O que é esse *drive* mental? É uma resposta que você já tem pronta, QUE VOCÊ CRIOU, ninguém mais criou para você. Quando eu falo criou, significa que alguém já deve ter faladoantes de você, mas você a colocou dentro de si. Sacou?

Em relação à tarefa, se você tiver um *drive* que ela é trabalhosa, nojenta, que é obrigação, você deve estar com um monte de tarefa acumulada por aí. O que eu fiz com as tarefas? Eu troquei as experiências. Anota aí: **para mudar os drivers eu preciso trocar as experiências.** Então o que eu quero? Trocar as experiências. É só isso que a gente precisafazer: TROCAR EXPERIÊNCIA. Então eu tenho uma experiência nova, eu vou mudar meu *drive*.

Você que é menina e namorou um canalha, instalou um *drive*: Homem é canalha. Vai acontecer o que? Todo homem que você vê na frente vai ser um canalha. Agora se você tiver namorado dois canalhas, "xiiiiiii" daí, bebê de colo é canalha para você, vovô no caixão é canalha, todo mundo é canalha. Todo ser masculino. Mas é tudo culpado seu *drive* mental errado em relação a homem.

Você que teve problema com seu pai, sugiro que você resolva o mais rápido possível porque assim você não prospera, uma das coisas que mais faço no método IP é desbloqueio emocional, e a maioria das pessoas tem problema com quem? Papai e mamãe e isso trava a vida.

Terceiro *drive* mental que eu quero falar, que eu uso e é poderoso: **decisão é igual a destino. Esse é poderoso, decisão é igual a destino! Por quê? Porque se você não decidiu não muda nada!** Vou mudar e espero a oportunidade... Eu vou te falar uma coisa, estou nem aí para oportunidade! Porque eu a crio. Oportunidade é atraída pela atitude. Sacou?

Anota mais um *drive* aí: O FEITO É MELHOR QUE O PERFEITO! Meu Deus! Essa frase mudou a minha vida. É uma frase que eu adotei como *drive* e repito-a TODOS OS DIAS! Porque o perfeccionismo é um defeito, eu já falei em um capítulo anterior.

Preste muita atenção na última: VOCÊ É PIOR DO QUE AS PESSOAS PODEM IMAGINAR. Por que esse *drive*? Eu sempre falo: Eu sou pior do que as pessoas imaginam! Porque daí não fico botando banca, não tenho problema com ego, não tenho ninguém que fique em cima de mim, não preciso disso. Então quando alguém fala: Pablo estou decepcionada com você. Eu falo, só isso? Imagina se ela soubesse tudo!

Isso começou quando eu descobri um autor que chama Charles Spurgeon, ele que fala essa frase, falava né. Certo dia chegou uma multa em casa e eu pensei: Por que achar ruim de receber uma multa em casa? Se eu recebesse todas que eu mereço ia ser pior. Então, eu sou pior do que essa multa acha que eu sou. Obrigado por vir só essa. Sacou?

Essas cinco que estou te passando é só para abrir sua vida nisso, você vai pesquisar e construir mais, vai ter uma tarefa para você construir pelo menos doze *drivers*. Se você não tiver os drives você não vai para frente.

Eu vou te dar mais um de bônus, PRECISO ERRAR MUITO, NUNCA NAS MESMAS COISAS. Se você continuar a pensar do jeito que você nasceu, com *mindset* fixo, *mind* é mente e *set* é configuração, ou seja, configuração de mente, igual veio da sua família. Eu não tenho nada contra a sua família, nem contra a minha, mas se você não cuida da própria vida você vai ficar pensando igual um monte de gente já pensou, e ninguém na verdade pensou, ficou apenas recepcionando. Sem questionar, aceitando tudo e fazendo tudo igual. **Lembre-se, não aceite nada, questione tudo e faça diferente.**

Lembra que eu vou reforçar isso: Este ano é um ano difícil, por que um ano difícil? PORQUE VAI SER O PIOR ANO DA SUA VIDA! Vai ser o ano que você vai perder dinheiro? Não. Você vai aprender! Vai ser o ano que você vai investir tudo o que você tem suor, sangue, gordura e lágrima. Vai ser um ano formidável, você vai sentir falta dele. Mas vai ser o ano que vai destravar o resto da sua vida, pode ficar tranquilo. O resto não, uma nova vida que você não conhecia.

O que são esses *drivers* para você aprender. Os *drivers*, Jesus já os usava, lá em Mateus 4, quando Jesus é atentado no deserto, o diabo usa a Bíblia contra Jesus, e ele nem conversa, só usa os *drivers*.

O diabo:

— Você não está com fome? Coma esse pão. E ele fala o que? (Jesus):

— Nem só de pão viverá o homem e sim de toda palavra que vem da boca de Deus. Isso é drive mental, ou seja, não preocupa.

Hoje foi um dia legal, bati meu carro, bati assim né, foi uma arrastada, uma rastejada que eu dei em uma pilastra. A primeira coisa que eu falo quando eu gero um prejuízo para mim mesmo é: TODAS AS COISAS COOPERAM PARA O BEM DAQUELES QUE AMAM A DEUS E SÃO CHAMADOS SEGUNDO O SEU PROPÓSITO.

Então tudo coopera, não tem nada fora, é alguma atenção que preciso ter. CUIDADO! Se você tem *drive* errado você vai produzir resultado errado. Por exemplo, o fracasso, O SUCESSO É A SOMA DOS SEUS FRACASSOS.

Pablo, por que esses *drivers*? Quando alguém falar uma palavra chave, em um texto ou um contexto, quando vier essa palavra, na hora o seu cérebro vai se posicionar e vai falar: Não, isso aí é isso, isso e isso. Tudo isso se você tiver os *drivers* certos.

Outra vez que o diabo voltou em Jesus e disse:

— Jesus pula daqui, aos seus anjos deram ordem a seu

respeito. (Usando a própria Palavra).

Aí Jesus respondeu o que?

— Não tentará o senhor teu Deus.

Aí a outra vez o diabo pensou, mas esse cara não cai, né? No final mostrou todos os reinos do mundo e disse:

— Se você se render a mim, me adorar e tal eu vou te dar os reinados, te dar tudo no mundo.

Aí Jesus respondeu:

— Somente a Deus adorarás e prestarás culto.

Ou seja, a resposta dele não precisa de argumento.

Os homens, desde pequenos por conta de instinto são doutrinados a ficar apaixonados quando veem qualquer mulher. Pais, alguns fizeram uma "hiperestimulação" nas crianças, e você vê muitos homens desgovernados no assunto, por quê? Porque simplesmente o papai não conseguiu ensinar os *drivers* certos. Está aqui um *drive* para você, quando você olhar para uma mulher, pensa essa palavra exata RESPEITO, mu lher não é carne de açougue, não é nada disso. Mas eu te entendo, vocêmexeu muito com pornografia, há pelo menos 70% de chance de você queestá me ouvindo ter mexido ou ainda estar mexendo, eu sugiro que vocêpare. Por quê? Porque senão você vai gastar sua energia toda, a energiaque era para você gastar no seu propósito de vida. Então esse é o pior ano, vá cortar essas coisas, sacou?

Você está gostando do livro? Se você está gostando é porque estátendo resultado, se não está gostando, às vezes é porque você fica focandoem mim, não gostou da minha barba, do cenário, VÁ CUIDAR DA SUA VIDA, não tem nada a ver. Preciso que você dê resultado, eunão. Para mim é muito bom, mas é muito melhor para você que você dê resultado, está bem?

E eu quero te falar algo: VÁ CUIDAR DA SUA VIDA, PORQUE ESSE É O PIOR ANO, O ANO QUE VOCÊ VAI REVOLUCIONAR, QUE VOCÊ VAI TOCAR O TERROR NA TERRA. Uma nova vida, que você nem conhece, mas eu sei que você tem, pode ficartranquilo. TMJADF!

## TAREFA

*Drivers* Mentais

*Drivers* Mentais: Resposta imediata do seu cérebro.

Instale os *drivers* corretos para que seu cérebro dê as melhores respostas imediatas. Começaremos com alguns *drivers* que são meus, e desejo que você crie pelo menos 12 seus.

| INSTALAÇÃO DE DRIVERS MENTAIS |
| --- |
| 1. Eu nunca perco, ou ganho ou aprendo. |
| 2. Quem é bom em desculpa, não é bom em mais nada. |
| 3. Decisão muda destino. |
| 4. Feito é melhor que o perfeito. |
| 5. Você é pior do que as pessoas podem imaginar. |
| 6. Preciso errar muito, mas nunca nas mesmas coisas. |

## TERMO DE COMPROMISSO DO PIOR ANO DA MINHA VIDA!

Eu, _____, portador/a do RG nº _____, ao assinar este termo, me comprometo a dar o meu melhor e investir os meus recursos naturais: meu sangue, meu suor, minhas lágrimas e minha gordura durante 1 ano.

Prometo cumprir os 365 desafios e conquistar 52 novos hábitos em 2022, a fim de destravar 10 anos de resultados em apenas 1 ano.

Declaro que estou ciente dos efeitos colaterais do Pior Ano, mas darei o meu máximo, enfrentarei todos os desafios, mesmo diante das pressões que virão, porque:
**Eu vou destravar a minha próxima década!**

Ao final do ano de 2022, a minha transformação de vida será tão grandiosa que, ao olhar para este termo, somente o meu nome e o meu RG serão os mesmos.
**Eu estarei irreconhecível e próspero como nunca antes!**

Local: _____
Em ___/___/___

_____
Assinatura

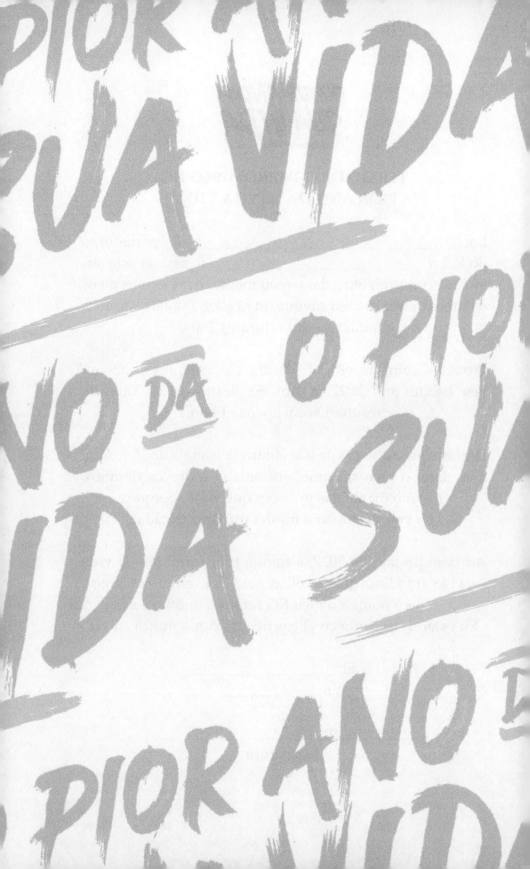

# A VIAGEM MAIS PODEROSA DA SUA VIDA É PARA DENTRO DE VOCÊ.

## CAPÍTULO 10

# A MAIOR VIAGEM DA SUA VIDA

### PARA IR PARA FORA VOCÊ PRECISA VIR PARA DENTRO

E aí, está fazendo as tarefas, né? Vamos para a maior via- gem da sua vida. Essa viagem é para dentro de quem? De você mesmo!

As pessoas gastam muita energia para terem coisas. Vou te ensinar uma relação: É o ser, o fazer e o ter. Primeiro você precisa ser, depois fazer e só aí ter. A nossa sociedade valoriza pessoas que têm algo, você não precisa ter as coisas, você precisa de SER. Vou te explicar rapidamente, o que é o TER, não precisa mais ficar jogando na Mega-Sena, porque não funciona, você não é multimilionário, não está fazendo tarefa de multimilionário, mas está na sorte, querendo se tornar multimilionário. Ninguém se torna assim. Aí você fala: Torna sim, todo mês eu vejo gente ganhando e se tornando multimilionário.

Faça uma pesquisa, 99,9% das pessoas que ganharam hoje não têm mais nada, e a maior parte delas estão piores do que quando entraram na vida de multimilionário. Por quê? Porque eles querem TER antes de SER e FAZER.

Por favor, pense que coisa horrível é uma fruta no vento, no ar. Pare pra pensar na idiotice que eu vou te falar, pense em uma fruta que nunca foi semente, ela não plantou, não cresceu, mas, está tudo certo, ela é sozinha, *alone*. NÃO FUNCIONA! NUNCA FUNCIONOU E NEM VAI FUNCIONAR! A semente precisa do que?

A semente é o SER. O plantar é o FAZER. E o fruto é o TER.

QUE VIAGEM É ESSA? **A VIAGEM MAIS PODEROSA DA SUA VIDA É PARA DENTRO DE VOCÊ!**

Você tem que lembrar que o seu corpo é um carro, a sua alma é o piloto e o espírito é a estrada. Que viagem é essa? A estrada é seu propósito, seu espírito, o piloto é sua alma, com a sua mente, e o corpo é seu carro, seu cérebro é o moto desse carro. Por favor, entenda, você precisa fazer um mergulho para dentro de você, quanto mais você se encontrar, mais pessoas você vai achar. **A prosperidade não é de fora para dentro, ela é de dentro para fora. Do seu interior fluirão rios de águas vivas.** Se esses rios fluírem o que vai acontecer? Os peixes vão subir, já era!

Você que vive em fuga, a vida é só fuga, você só quer fugir o tempo inteiro. Pablo eu quero ir para a China, pode ir! Chegando lá vão ter pessoas te esperando com a plaquinha do seu nome, e essa pessoa é você. **Você não dá conta de fugir de si mesmo!** Algumas pessoas gostam de falar: Eu não gosto de gente! Por que você não cria uma existência só sua? Pelo menos uma galáxia se você der conta. Aí você cria um planeta, e quando chegar lá você tira uma *selfie* e eu vou te mostrar onde está o problema do mundo: Em VOCÊ!

Segura a bomba aí, você já se sentiu perdido na vida? Sabe como você se sente perdido? Problema de identidade. Você pode estar em Bangkok, Hong Kong, ou qualquer lugar em que você nunca foi, você nunca fica perdido se você sabe quem você é.

Você sabe que você tem um senso cognitivo de fazer perguntas, de correr atrás, de resolver. Você tem o racional, a sabedoria. POR QUE VOCÊ FICA PERDIDO? PORQUE VOCÊ NÃO SE CONHECE! Sabe esses medos que você carrega aí? É tudo porque você não se conhece. **Você quer realmente se conhecer? Mergulhe para dentro de você!**

Interessante que tem umas sexólogas que falam nos programas do Serginho Groisman, ou sei lá se esse povo mexe com isso, porque faz seis anos que eu não vejo televisão, mas é interessante porque as descobertas que eles tentam mostrar estão apenas no nível do corpo. **Você precisa mergulhar no seu corpo, na sua alma e no seu espírito.** No método IP tem umas ferramentas que eu uso para mostrar à pessoa que ela não sabe nem do corpo dela.

Um exemplo que você não conhece o seu corpo, tem um morador dentro do seu olho que chama, Demodex, é um ácaro de oito pernas, que fica nos seus olhos, nariz e ouvidos. Como assim? Sabe quando você pisca várias vezes e fica "rajadinho"? Então, é o Demodex, parece nome de remédio, né?!

Você sabe qual é o seu olho bom de atirar? Se é o direito ou o esquerdo? Tem como você fazer o teste. Faça assim: Você vai fazer um triângulo olhando para o espelho ou para um ponto fixo, daí você vai fechar um olho e depois fechar o outro, o olho que você conseguir ver é o seu olho de atirar, o meu é o direito, quando você descobrir o seu não atirecom o outro.

Por que o autoconhecimento? Porque quanto mais você se conhece mais você vai conhecer a Deus. Aí tem gente que vai falar: EU NÃOCONCORDO! Escuta, você não é imagem e semelhança dEle? Jesus não escolheu morar dentro de você? Qual é a treta, meu Deus do céu! Pablo, eu não acredito em Jesus! Então desconsidera, faz o que você quiser com essa informação. PRESTE ATENÇÃO! Se o criador do Céu eda Terra resolveu morar dentro de você, quem você acha que é para nãoser alguém na vida, meu Deus! Ou você muda essas crenças e começa aviver fatos, ou você vai viver sempre a vida dos outros.

Por isso eu não vou deixar nunca de falar: VÁ CUIDAR DA SUA VIDA!

Você vai parar de fugir, por que você vai parar de fugir? Porque avida é uma completa aventura. Você sabe o final da aventura, todo mundo sabe, qual é o final da aventura? A morte! Ninguém escapa do paletó de madeira, os mais rebeldes morrem afogados e ninguém acha,uma quedinha de avião também some ali no Triângulo das Bermudas, mas 99,99% vai encarar o que? O paletozão de madeira!

Já que você sabe que esse é seu propósito, você não vai se afobar com o final dele e vai curtir o que? O TRAJETO, o destino é o trajeto! Quando eu vou viajar, eu adoro viajar de carro. Porque eu quero conhecer oslugares, e isso faz muito sentido para mim. Tem gente que fica agoniadoporque o trajeto é sempre ruim, chega acabado e a volta é mais triste ainda, mas para mim, tudo o que acontece é trajeto.

Quando eu estou indo para algum lugar, por exemplo, Bahia. Eu moro em Goiás, o trajeto para mim é um fenômeno, eu adoro ver as histórias, ver as cidades, e quando chego ainda não é o destino, continua sendo o trajeto porque eu descubro uma coisa nova a cada dia, e na hora de voltar é a mesma coisa, tudo é o trajeto. **O trajeto é o agora! Anota isso aí.**

Quanto mais você se conhecer mais você vai querer viver no agora, porque faz muito sentido. Então o que a gente precisa aprender para fechar esse módulo, que tarefa que você vai fazer, você vai anotar uma tarefa de cinco coisas que você precisa descobrir de você que você não sabia. Cinco coisas que você precisa saber que você não sabia.

O que você vai fazer? Simplesmente anote a tarefa, e escreva assim: Eu preciso descobrir de onde eu vim, por exemplo, cadê sua árvore genealógica, você sabe? Cadê as pessoas de que você veio. Você conheceo perfil delas? Você sabe seu perfil psicológico? Anota aí, tem um teste de graça, vou deixar o link na tarefa. Você vai fazer um teste de cinco minutos, você vai ler o relatório e vai pirar. VOCÊ TEM QUE DESCOBRIR COISAS A SEU RESPEITO. Outro bom é o *Disc*, o que você faz com o *Disc*? É uma ferramenta de autoconhecimento, hoje avaliado como a melhor ferramenta de análise comportamental do mundo. Já fiz duas vezes e vou te falar: O nível de assertividade é de 99%. **VOCÊ PRECISA SE CONHECER!**

Não avance sem fazer a tarefa, descobrir o seu perfil, o seu temperamento, se você é fleumático, colérico, melancólico ou sanguíneo, você precisa saber quem você é. Porque a

primeira coisa que a gente tem que ativar é o SER, depois nós vamos FAZER, que é o que você está fazendo neste livro, depois vai começar o TER, que é o fruto na ponta da árvore. Espero estar te ajudando, mas não tem mágica, quem faz a verdadeira ajuda é VOCÊ!
Vamos para o próximo capítulo, mas não saia daí sem fazer a tarefa, se não a fizer não avança. TMJADF!

## TAREFA

A Maior Viagem da sua Vida

SER - FAZER – TER

Tarefa 1: Descubra de onde você veio: Analise sua árvore genealógica. Pesquise sobre sua origem familiar.

Tarefa 2: Descubra o seu perfil psicológico no site: www.inspiira.org

Tarefa 3: Faça o Teste *Disc* no site: www.propositomaior.com.br/teste-disc-online/

Tarefa 4: Descubra o seu Temperamento no site: http://educamais.com/teste-de-temperamento/

Tarefa 5: Descubra mais uma coisa que você não sabia a seu respeito. Utilize-se do autoconhecimento para isso.

**EXISTEM COISAS QUE VOCÊ TEM QUE EXPLODIR AGORA. O QUE VOCÊ TEM QUE EXPLODIR AGORA?**

## CAPÍTULO 11

# COMO ATIVAR A IRA

### NÃO SE PONHA O SOL SOBRE A SUA IRA

Eu não acredito! Se você chegou até aqui é porque está fazendo as tarefas e vai vencer. 2019, 2020, 2040 eu não sei quando, mas vai acontecer. O PIOR ANO DA SUA VIDA é o ano do INVESTIMENTO. Invista agora para "tocar o terror" depois.

Vale lembrar uma história, quando alguém compra uma fazenda, que é só o mato, tem que desmatar, por maquinário, gente trabalhando. O primeiro ano é só DERRAMANDO DINHEIRO, SUOR, GORDURA, SANGUE E LÁGRIMA. Lembre-se dessas coisas que você tem que derramar. Este é o pior ano porque você vai investir tudo, depois meu amigo, quando toda semente estiver no chão, você vai se sentar lá, não sei se você sente a mesma coisa que eu porque eu sou um homem do campo, você vai de sentar na porteira, na cerca, e vai rir com a sua família, porque vai ver aquele campo todo frutificando.

Não sei se você já passou por isso, se você já plantou, mas é a melhor coisa da vida. Anota uma tarefa aí, PLANTAR ALGUMA COISA para ver essa coisa crescendo e dando fruto, você vai pirar. Eu sugiro que você pegue a sua família e vá plantar morango, morango é "rapidão," sabia? Dependendo da qualidade dele em até sessenta ou setenta dias ele produz. Então plante porque você vai "pirar". Se você está querendo mais rapidez vá plantar feijão, é rápido demais, você vai ver o feijão, do dia para a noite, começar a brotar, vai ser muito bom para você.

Este capítulo agora é ATIVE A IRA. Pablo para que Ira? Ira não é nível de ressentimento, viu! Ira é um defeito que é filho da mesma qualidade que a mansidão, calma! Existe virtude e defeito e eles são feitos da mesma matéria. Na Bíblia está escrito:

*IRAI-VOS, MAS NÃO PEQUEIS. NÃO SE PONHA O SOL SOBRE A SUA IRA.*

Vamos tratar um cara que é modelo para nós, mesmo que não seja o seu mestre, ele é o meu e nós podemos trocar uma ideia sobre Ele, Jesus. O que Jesus fez?

Jesus era manso, e na Bíblia fala: Os mansos herdarão o Reinos dos Céus. Mas por que Jesus explodia? O homem que é pura sabedoria; O homem que não tem pecado; O homem manso; O que é isso? Por que esse cara explodiu?

Ele foi à porta do templo, estavam todos lá, os cambistas, meu Deus do céu!

Sabe o que o homem fez? Revirou tudo de cabeça para baixo, e no final ele fala:

"O zelo pela Sua casa me consome". **Ira é quando os seus valores estão sendo atacados.** CAI PARA CIMA!

Pedro, que é discípulo de Jesus, todo cheio das suas questões disse a Jesus:

— Senhor nós não vamos aceitar você morrer não. E Jesus respondeu:

— Arrenda-te daqui Satanás, arrenda-te de mim.

Por que Jesus falou isso? Por que ele não fez só uma pergunta?PORQUE EXISTEM SITUAÇÕES EM QUE VOCÊ TEM QUE IR PARA CIMA! Estavam os fariseus, Jesus sempre os tratava bem, mas chegouum momento que não teve cabimento, o que ele fez? Disse:

— Raça de víboras!

Preste atenção no que eu estou falando, a ira não vai impulsionar você para baixo, te jogar ou puxar. **A IRA VAI TE JOGARPARA A FRENTE! É AÇÃO! O que te joga para a frente é ação.** Não confunda ira com raiva, raiva é nível de ressentimento, afunda a sua vida igual a mágoa e o ódio. Sabe o que é mágoa? É amar água que fica no seu cérebro, você não deixa fluir, você não libera, aí vai virando esgoto. Lembre-se do versículo, por mais que você não acredite na Bíblia, se é um versículo é uma promessa. Então você pode irar, só não pode pecar. Por isso Jesus fala para perdoarmos aos outros 490 vezes em um dia, porque tudo o que se tem que resolver é hoje. Não acumule ira para outro dia, você está errado! **Existem coisas que você tem que explodir agora. O que são?**

Harriet Tubman falou uma frase que mexe comigo:

*"Libertei mil escravos. Poderia ter libertado mais mil se soubessemque eram escravos."*

A PERGUNTA É: VOCÊ SABE QUE É ESCRAVO? Se souber você vai ativar a ira, porque todo ser que é livre não quer saber de escravidão, ele só quer ir embora. Na história judaica tem o ano do jubileu, que é o ano em que o escravo pode ir embora, pasme, mas é o ano em que o escravo quer ficar. Porque quando ele está livre, ele vê que não construiu nada, porque não pode, trabalhou apenas para o seu senhor. Ele não tem nem para aonde ir, e prefere ficar. Quando ele decide ficar, sua orelha é perfurada como símbolo de decisão, e na hora de furar a orelha falam assim: Não tem mais volta, não tem mais jubileu, você vai ser escravo para sempre, você aceita? E eles dizem: ACEITO!

Você é louco, foi para a liberdade que Cristo o chamou. Você vai ficar nessa até que dia? Ativa essa ira, existe um leão dentro de você que só precisa ser acionado. Algumas pessoas não entendem isso.

Tem um treinamento que eu aplico, chamado *Atomic Brain*, e lá a gente quebra a madeira com a espessura de 2.5cm, é bem grossa, tem gente que já foi em outros treinamentos e fala que a madeira era mais fina, eu não estou aqui para ver você fazer gracinha. EU QUERO QUE VOCÊ EXPLODA SUA IRA PARA APRENDER.

E as pessoas rachavam a madeira como se fosse papel, mas as pessoas que não iravam, é muito engraçado, a pessoa que não ativavam a ira, pareciam que estavam batendo palma, ou tocando na mão de outra pessoa. A madeira não quebra! Teve uma menina que bateu quatro vezes, não adianta fingir a ira, não funciona, é uma explosão que vem de dentro.

Quando vem um Tsunami em uma praia, tem como a

praia segurar? Não tem, é a ira do mar. Quando vem a ira do vento, tem casa que aguenta? Os EUA que o digam, em Nova Orleans, veio chuva, tempestade misturada com ventania e acabou com a cidade. O vento tem ira, aágua tem ira, a Terra tem ira, que é o terremoto, e só você que não tem! Você vai mudar de vida quando? Você está com "raivinha"?

### RAIVA NÃO É IRA

A ira vai te impulsionar para a frente. Você está ouvindo o que eu estou falando ou está se fingindo de surdo? Se a água tem ira, o vento tem ira, a Terra, a chuva, tudo tem ira. Por que você não tem a sua? Porque você não dá nenhuma resposta. Ative a sua ira, senão você vai ficar preso nessa correntinha de elefante, que desde pequenino não servia para te segurar, mas você acreditava que sim. **ATÉ QUANDO SUAS CRENÇAS VÃO TE IMPEDIR?**

Você quer romper na vida? Este é o capítulo em que vamos quebrar o pau, e eu já o provoquei para você ativar a ira e sair do lugar. Você não quer tocar o terror? Então cai pra dentro e vamos para cima. Se te faltar alguma coisinha você vai lá e ativa a ira. E sai do lugar.

Eu já determinei uma coisa, não é o lugar que vai me fazer vencer. EU NASCI PARA ISSO, ENTÃO EM QUALQUER LUGAR EU ESTOU DENTRO.

Está faltando uma "irazinha" em você? Aprenda a explodir. Vou te ajudar na prática, você que não entende desse sentimento, pense em algum sentimento que quando você acessou foi ruim, e ponha-o para fora, mas depois você o desconecta porque ele tem toxinas, tá? No método IP eu costumo chamar uma pessoa para me empurrar, até hoje ninguém me empurrou, o que é isso? É colocar as duas mãos no meu peito e colocar pressão, já teve caras de 160kg que não deram conta nem de mexer no meu peito.

Tem uma ira aqui dentro, que quando eu olho para a pessoa e sei ativar eu arrasto qualquer homem, pode por um gorila, quem você quiser. EU VOU CHUMBAR ESSA PESSOA NA PAREDE. FAÇO ISSO DIRETO. O Felipe Fernandes, que é um *trainee* nosso da Alemanha, veio com essa lá na casa dele, minha esposa estava presente. Ela ficou tão desnorteada que quis sair correndo, porque foi feia a briga, e ele é bem mais forte que eu fisicamente. Ele veio com tanta força, sabe o que aconteceu? Deslocou o ombro dele, coitado. **Você não sabe quem você é. O dia que você ativar essa ira, ninguém vai por pressão em você mais.**

Qual é a tarefa agora? Você precisa de cinco coisas para ativar sua ira e sair do lugar. Esses assuntos que nunca acabam, essas pendências judiciais, situações financeiras, fale para o povo que você não tem dinheiro para pagar e negocie, mas não fique deixando, vai com ira pra cima, mostre que você é honesto, que é isso e VAI PRA CIMA! Senão você vai ficar aí, só dando bobeira na vida.

Você está fazendo as tarefas? Este é o final de só mais um capítulo, e aí você precisa fazer as tarefas para continuar avançando. Eu vou te dar uma boa dica, como os capítulos são pequenos, e são pequenos de propósito, assista, leia os capítulos e não se levante enquanto não fizer as tarefas. Segura a onda que o pau vai quebrar ainda. TMJADF!

## TAREFA

Ative a Ira

Tarefa 1: Procure ter uma experiência a respeito de plantação. Aprenda a plantar algo. Pode ser morango, ou feijão (por serem mais rápidos).

Tarefa 2: Perdoe alguém que você ainda carrega com você e descreva essa experiência aqui.

Tarefa 3: Compreenda que IRA é diferente de RAIVA. Ira é uma indignação que te leva a produzir uma ação. Aprenda a separar IRA de RAIVA, e foque nisso. Separe 5 coisas nas quais você precisa ativar a IRA para sair do lugar.

| |
|---|
| 1. |
| 2. |
| 3. |
| 4. |
| 5. |

**AS PESSOAS PRECISAM DE SUA *EXPERTISE*, VOCÊ NÃO PRECISA TER CIÚMES DAQUILO QUE VOCÊ ACHA QUE SABE.**

# CAPÍTULO 12

# FAST ACTION (AÇÕES RÁPIDAS)

## VEJA, SINTA, PENSE E FAÇA

E aí, fez a tarefa da ira? O pau já quebrou? Tem gente com raiva de você? Normal, você vai crescer em maturidade e as pessoas também.

Este capítulo é sobre FAST ACTION, o que é isso? Ação rápida. Pare de ficar achando que você deve elaborar um projeto maravilhoso, se você é perfeccionista, você não vai conseguir sair do lugar, vai ter que largar o perfeccionismo. Porque só consegue fazer uma ação rápida quem não é perfeccionista, quem não é centralizador, meu Deus! Se você nãosouber delegar, você vai ficar fazendo tudo nas suas costas.

O que é *Fast Action*? Ouça alguma coisa e faça uma ação rápida. Tem uma expressão, anota aí, que se chama VF, grandes grupos coorporativos usam isso e é fenomenal na gestão do tempo e produtividade. ANOTA AÍ, VF, VER E FAZER. Tem gente que vê algo e quer anotar para depois fazer, tem coisas que você pode delegar ou fazer imediatamente, coisa simples, entende?

Por exemplo, sua mesa está suja, o pano está ali, mas você não faznada porque não é o "cara que limpa". Por favor, sem história triste, vá lá efaça, não perca tempo, não precisa esperar alguém chegar, parar seu trabalho por cinco minutos sendo que você mesmo pode fazer em menos de um minuto. O pano está ali mesmo, limpe. Tem gente que eu já cansei de ver, principalmente na Brasil Telecom onde eu fui executivo, apessoa ficava meia hora esperando a equipe da limpeza, um dia eufiquei revoltado com isso. Porque muita coisa não sai do lugar por conta de burocracia, isso é coisa de país comunista, viu. Se você gosta do comunismoeu não vou bater boca com você não, mas tudo é burocrático. **Sua vida é burocratizada? Se ela for burocrática você não vai para frente.**

Você não vai conseguir ter o pior ano da sua vida, aquele ano quevocê vai mergulhar e plantar tudo, por quê? Porque não quer fazer nada, só quer anotar. Pare de anotar. Bora agir, bora tocar o terror na terra.

O curso O PIOR ANO DA SUA VIDA surgiu com uma troca ideias de cinco minutos com o Diorge, aqui de São Paulo, depois dequinze minutos já tínhamos o mapa mental das matérias, depois de meia hora a gente falou: Vamos gravar um curso! Foi um curso que fiz sem cortes. Não estou falando que eu sou bom não, mas foi assim, VF, Vere Fazer. Eu não tenho perfeccionismo, você tem que aprender isso. Alguém falou que tinha que vir uma câmera dos EUA e mais um monte de parada lá, deixa eu te falar uma coisa? É o celular mesmo, nãofica inventando, pegue e faça, apesar de que o celular é um recurso bacanapara fazer isso. Esse curso eu gravei só com celular, uma luzinha e um microfone.

Mas eu estava pronto, e você está pronto para fazer?

Tem uma cliente minha que é poderosa para dar aula e tudo, e eu falo para ela fazer curso on-line e tudo mais, e sabe o que ela faz? Quer planejar demais, só para planejar pode levar um mês. Depois que ela desbloqueou, no outro dia já estava fazendo o negócio. Isso serve para você também, se você quer fazer, vá fazer. Tem coisa que você faz que não tem como ficar calado. **As pessoas precisam dessa expertise sua, você não precisa ter ciúmes daquilo que você acha que sabe.**

Uma coisa que você precisa instalar sobre *Fast Action*, é a simpli-cidade, pare com esse negócio de complexidade, por favor. Quer vencer na vida? **Seja simples, não seja simplório.** Vou explicar a diferença, simples é você estar com uma camisa arrumadinha, não se importando com a marca que ela tem, o simplório é você estar com uma camisa toda amassada, rasgada e desarrumada. Não tem nada a ver uma coisa com a outra, o simplório você deixa de lado e vive o simples. Deixe de ser complexo. Tem o complexo, o simplório e o simples, VIVA O SIMPLES!

Toda vez que você me ouvir, toda, você vai fazer uma ação rápida, você tem todas as ferramentas para produzir suas próprias tarefas. Rápido. Vem uma pessoa na cabeça? Vira tarefa. Certa vez eu almocei com um Coach, e até àuela data ele era o segundo mais caro do centro oeste. No almoço foi super legal porque a gente conversou 28 minutos e eu tirei 18 tarefas. Eu almocei com *Wunderlist*, é uma ferramenta que vou explicar para vocês no último módulo. A gente começou a conversar e eu fui anotando no *Wunderlist*. Você não tem noção do que é uma ação rápida. Cura qualquer perfeccionista e faz você mudar de rota. Eu ia comprar uma sala comercial no Vaca Brava, que é o cartão postal de Goiânia, já estava tudo acertado, faltava só assinar, a sala era um brinco, 50m². Sabe o que aconteceu? Em uma conversa que eu tive com ele, ele soltou assim para mim:

O lugar que você vai nunca pode ser menor que sua empresa, sempre tem que ser maior.

Pra que eu fui ouvir isso? Fui fazer tarefa na hora, saí tirando fotos da cidade toda, o que vinha na minha cabeça: Mas o aluguel aqui é de vinte mil reais, não interessa! Eu sou um fazedor de tarefa, eu estava fazendo um curso com ele, a gente saiu para conversar e depois fui rodar Goiânia e coloquei na minha cabeça: Eu vou destravar! Não vou ficar com medinho, não. Eu vou locar o prédio mais caro que tiver na cidade para levar a minha empresa. Você sabe o que é isso? Ação rápida.

**Pare de ficar contando histórias, de vir com desculpa, continue marchando e você vai crescer e tocar o terror na terra.** Mas, se tiver o pior ano. O pior ano não é do mal. Mas vai ter suor, sangue, gordura e lágrima. Você está pronto para isso? Qual tarefa rápida você pode fazer agora? Eu não vou te falar, você vai fazer! Espero que você esteja fazendo todas. Se liga! TMJADF!

## TAREFA

Fast Action (Ações Rápidas)

VF - Ver e fazer (delegue ou faça)

Definitivamente pare de ser complexo. Viva o simples. Abandone a prolixidade e enrolação. Quais ações VOCÊ pode desenvolver agora? Pare de depender de mim.

Liste 10 tarefas rápidas que você pode criar para realizar o que é necessário para seu crescimento.

| Liste 10 tarefas que VOCÊ pode desenvolver rapidamente |
| --- |
| 1. |
| 2. |
| 3. |
| 4. |
| 5. |
| 6. |
| 7. |
| 8. |
| 9. |
| 10. |

# 85% DOS SEUS RESULTADOS DEPENDEM DAS PESSOAS COM QUE VOCÊ SE CONECTA.

## CAPÍTULO 13

# A LEI DA ASSOCIAÇÃO

### CONEXÕES COM PROPÓSITO

E aí, está fazendo as tarefas? Você deve estar me achando chato. Não adianta, tarefa é a única coisa que funciona. Se você tiver um saco de sementes e um pedaço de terra, não adianta você fa zer um curso para aprender a plantar.

Você precisa pegar e fazer, nem que pegue um punhado de semente e jogue de qualquer jeito na Terra. AH! Mas daí eu vou perder um monte de semente... Pronto! Você aprendeu que perde sementes se plantar de qualquer jeito. Aí sim, você vai aprender como abrir a cova, ou a cava, colocar as suas sementes, tampar bonitinho. Uma dica: Quando for plantar milho, plante de dois, porque eles gostam mais, cruza o milho. Recapitulando: Abre, coloca e tampa, antes prepare a Terra.

Mas por que você vai ficar só aprendendo se você não vai plantar semente? Repita comigo de qualquer lugar que você estiver no Planeta Terra ou no Espaço:

EU VOU PLANTAR AS SEMENTES QUE ESTOU PEGANDO AQUI!

Você comprou este livro, mesmo que você o tenha ganhado, alguém pagou por ele. Eu decidi no meu coração que não vou dar nada de graça para ninguém. A não ser que o Espírito Santo ordene, nesse caso eu apenas obedeço, como já fiz muitas vezes, esses dias deiaté um carro de presente. Vamos lá, palestras e os vídeos do Youtube mesmo de graça dão um retorno. Você precisa colher sua semente, e depende do seu suor, sangue, lágrima e gordura. Porque se for de graçanão tem semente SUA no negócio. O aprendizado precisa ser construí-do, e para isso acontecer VOCÊ PRECISA FAZER A SUA PARTE. Lembra das tarefas? **Seja um fazedor de tarefas, um colhedor de sementes, veja e faça, VF.**

Você gasta uma energia para pegar a semente de mim, algo que estou te dando, dando não, vendendo. E o que você precisa fazer? Simplesmente aprender a fazer. É SÓ ISSO O QUE VOCÊ TEM QUE FAZER. É FAZER! Nesse livro todinho se você fizer menos de 100 tarefas tem um negócio errado com você. Depois não vem falar que não funciona, se não funciona é porque não fez tarefa. Mas como você vai tocar o terror na terra, e esse é o pior ano da sua vida, tenho certeza de que você vai parar com esse "vitimismo", essa autocomiseração e vai começar a fazer.

Então eu vou bater na mesma tecla o tempo todo, VOCÊ PRECISA FAZER TAREFA. Isso se você quiser ter o pior ano da sua vida. Se não quiser também, FIQUE EM PAZ, VOCÊ É LIVRE.

Este capítulo fala da Lei da Associação. Com o que você vai se associar? Você é um fazendeiro, se você mexe com fazendavocê vai se associar com pessoas que fazem racha de carro? Não! Você vai se associar a fazendeiros. Este livro não é para fazendeiros, mas todos nós somos do campo, feitos de carbono, da terra e você tem que aprender coisas sobre você. Então se você é um fazendeiro e ainda entende definanças, a primeira coisa que você vai fazer é associar-se a uma cooperativa. No estado de Goiás tem a COMIGO. Com a cooperativa você consegue comprar milho mais barato, semente, tudo mais barato.

Você tem que se envolver com os meios onde compra gado mais barato, então você vai aos leilões e associa-se a essas pessoas. Eu conheço vários leiloeiros, por que eu sei disso? Porque é onde você consegue comprar mais barato. Então por que você não vai associar com um povo desses? Tem que associar sim. Se você vier falar que não é bom é porque você não entende. **Todo mundo que fala que o negócio não é bom é porque não entende.** Igual campanha presidencial, sempre que alguém está falando mal de um candidato você pode perguntar o que a pessoa estudou dele, e a resposta vai sempre a mesma: NADA!

A primeira coisa que você tem que saber sobre *Networking* é o que vamos falar agora, Lei da Associação, é que você é a média das cinco pessoas com quem convive. O que você vai fazer? Vai colocar o nome das pessoas com quem você mais convive, vai dar uma nota para cada uma delas, de 0 a 10, e depois vai tirar a média dessas notas. Irá pegar o resultado da soma das notas que você deu e dividir por 5. O resultado que deu é a média dessas cinco pessoas, logo, é a sua nota. Porque a sua pontuação não é a que você se dá, não é a que você acha, e sim a média das pessoas com quem VOCÊ ESTÁ CONVIVENDO. Aprenda isso.

Se você é a média das pessoas que você está convivendo, o que você vai fazer? Abandonar as pessoas com média baixa? Não, você vai investir nelas. Se elas não quiserem deixa-as seguirem o rio, o rio continua o fluxo sempre para baixo. Já viu rio subindo montanha? Você nunca viu e nunca vai ver, porque quebra a ordem natural das coisas. Então se a pessoa não quer subir o rio como um peixe, ela vai descer, pode ficar "de boa", relaxa!

Diga: EU SOU A MÉDIA DAS CINCO PESSOAS COM QUEM EU CONVIVO. Isso é chamado Lei da Associação. Não tem mais o que falar disso, acabou, é só isso. Agora você vai fazer outra tarefa: Agora que você já descobriu sua média, coloque pessoas com quem você queira andar, coloque dez para pelo menos sobrar três.

Uma das coisas que tem na pulseira que eu uso, é conectar-se com novas pessoas, associar-se. Se você aprender essa arte, você vai ter 85% dos seus resultados garantidos, **porque 85% dos seus resultados de- pendem das pessoas que você se conecta.** Todos os negócios que eu já entrei, todos, sempre tinha alguém, nunca fiz nada sozinho. Uma hora era meu sogro, outra hora um amigo, depois outro amigo, um conhecido, sei que sempre tem gente conectando.

Para finalizar este capítulo quero te falar da importância do *MasterMind*, onde tiver dois ou mais tem a terceira mente. Aprendi isso com Napoleon Hill, ele era amigo do Andrew Carnegie, o homem mais rico do último século, o segundo homem mais rico da história da humanidade, Andrew Carnegie é o gigante do aço, por volta de 1906 ele tinha quatrocentos bilhões de dólares. Hoje o Jeff Bezos, que é o homem mais rico do mundo, tem um quarto disso, daqui uns dias ele irá passar o Andrew Carnegie porque a tecnologia é um negócio muito louco e ele está subindo muito.

Andrew Carnegie ficou rico descobrindo a forma de produzir o alumínio, 8.3% do Planeta é alumínio. Ele descobriu uma forma de pegar a bauxita e desconectar, porque é muito o alumínio é muito envolvido com o oxigênio e ninguém sabia como resolvia essa "treta" do alumínio, e o cara começou a tirar alumínio do chão e foi um "quebra pau" violento que fez ele se tornar o segundo homem mais rico do mundo.

Mas o *Mister Mind* é o que? Napoleon Hill fala muito disso, ele conta a história do Henry Ford, Firestone, o cara que inventou o pneumático, e do Thomas Edson. Esses três caras viajavam todos os anos, e toda vez que eles voltavam dessa viagem tinham coisas novas acontecendo na vida deles. Eles faziam essa viagem só para isso, para trabalhar a mente, fazer o "pau quebrar". Outros dois caras de *Mister Mind* muito massa são o Tolkien e o Staples Lewis, Tolkien é o que criou e escreveu o livro do Senhor dos Anéis, e Staples Lewis é cara que escreveu as Crônicas de Nárnia. Eles se encontravam todos os dias na confraria.

Você tem as pessoas do *Mister Mind*, você tem que se conectar com gente de alto nível, aquele tipo de gente que não te suga, que só tem a oferecer. Você vai em um *Mister Mind* ofertar as coisas que você tem e as pessoas que estão se conectando só tem coisas para OFERTAR. Isso é muito violento. Você vai pirar quando você começar a ter gente assim em volta.

Eu tenho poucas pessoas assim, mas eu me conecto porque é uma forma de servir, é só um banquete, não é ninguém querendo sugar sua alma, as pessoas se conectam para isso, servir e ofertar. Anota uma tarefa aí, de hoje em diante, seu ano começa hoje, esse pior ano, você tem 52 semanas e você vai tentar se conectar com UMA PESSOA NOVA POR DIA, mas, apurar mesmo É UMA POR SEMANA, aquela que vingar sabe? Vingou o contato com uma, em um ano você vai se conectar com 52 pessoas novas e poderosas e CRIAR UMA AMIZADE.

Não é aquele "miguxo" que você leva para casa, é aquela conexão que vai fazer você mudar seus resultados. Lembre-se de que você é a média das cinco pessoas que estão a sua volta? Conectando com pessoas de médias altas, a sua média irá subir e seu resultado é garantido. **E assim, como um rio que flui rapidamente, você vai se conectar com outras pessoas e irá formar um ciclo. Seu ciclo.**

Por isso, vá fazer suas tarefas. Estamos juntos até depois do fim.

# TAREFA

A Lei da Associação *(Networking)*

Tarefa 1: Com quais pessoas você precisa se associar em relação ao seu negócio?

| A QUEM VOCÊ PRECISA SE ASSOCIAR? |
|---|
|  |
|  |
|  |
|  |
|  |

Tarefa 2: Nome das pessoas com quem você mais convive? Liste abaixo as 5 pessoas com quem você mais convive e coloque as notas de cada uma. E descubra a sua média. Não abandone quem tem média baixa, deixe essas pessoas livres e elas descerão o rio.

| NOME DAS PESSOAS QUE VOCÊ MAIS CONVIVE | NOTA PARA CADA UMA |
|---|---|
| 1. |  |
| 2. |  |
| 3. |  |
| 4. |  |
| 5. |  |

Tarefa 3: Faça uma lista das 10 pessoas com quem você precisa se associar.

| 10 Pessoas que você precisa se associar |
|---|
| |
| |
| |
| |
| |
| |
| |
| |
| |
| |

Tarefa 4: Conecte-se a pelo MENOS UMA pessoa por semana.

**MODELAGEM É TER O COMPORTAMENTO MENTAL DE UMA PESSOA DE SUCESSO.**

O PIOR ANO DA SUA VIDA

## CAPÍTULO 14

# MODELAGEM

## NÃO É COPIAR, É CODIFICAR

Você já ouviu falar de modelagem? Não aquela de roupa, na qual você faz o molde e a partir dela faz outra peça, não é cópia. **Modelagem é codificar o comportamento de alguém.**

Existem várias formas de modelagem, a principal é você enxergar a forma como alguém faz algo. A segunda é você se conectar a alguém e começar a fazer igual a ela, para ter os mesmos sentimentos. A terceira é você deixar sua forma de fazer e da outra pessoa, e criar uma terceira via. Não interessa qual forma você vai usar, interessa o seguinte: eu, Pablo Marçal, sou a fórmula de 200 pessoas, no mínimo, a quem eu já me conectei. Aí está o maior segredo.

Depois que eu descobri que 85% dos resultados, meus e seus, dependem das pessoas a quem nos conectamos, te falo uma coisa: VOCÊ TEM QUE APRENDER A MODELAR! Como modelar alguém? Primeiro você vai fazer uma tarefa: uma lista com 21 pessoas para você modelar, e dessas 21 pessoas, você vai escolher uma palavra-chave relacionada a o que você quer modelar dela. Por exemplo:

uma dessas pessoas é muito boa com casamento, então será alguém referencial em casamento para você modelar.

E daí vem o macete: você irá colocar uma data limite para modelar, porque senão você vai ficar tão maravilhado com aquela pessoa, que vai querer virar o servo dela. **Se você não tiver data, você vai querer amar essa pessoa e servir a ela com sua vida.**

Eu já percebi várias pessoas se conectando a mim, querendo entregar a própria vida a mim, querendo me servir. E aí eu falo: VAZA! Uma dica, se você quiser me modelar, pode ficar àvontade, estamos juntos, só coloque uma data, senão vira admiração. E qual o problema em admirar? Anota aí: **admiração é um vale quedistancia você do seu estado desejado.** Para de admirar as pessoas, coloque elas como inspiradoras, para que você possa modelar até tal data.Acabou, passou!

Por exemplo, uma coisa muito pesada que acontece na vida das pessoas é ter um líder religioso e só ouvir a ESSA PESSOA a vida inteira. Entenda: você sempre vai ser pior que ele. Mas pode acreditar, se o seu líder é muito bom, ele modela diversas pessoas, então ele nunca será ruim, é por isso que ele é líder. Por conta disso você precisa abandonarseu líder? Claro que não! Você tem que servir, dentro da capacidadede gestão, liderança e submissão, lembrando que temos dois tipos de submissão, a absoluta e a relativa, a absoluta é somente a Deus, e a relativa aos homens.

Você tem que aprender uma coisa, se você ficar modelando somente uma pessoa a vida inteira, você sempre vai babarpor ela e nunca vai fazer nada por você.

Aí está o segredo: NÃO MODELE UMA PESSOA. Pablo, e Jesus? Jesus você pode modelar adoidado, mas pasme, Ele disse que faríamos obras maiores que as dEle. Quando eu falo Jesus, é Jesus terreno, que passou pouco tempo na Terra. A verdade é a seguinte: você não pode se conectar apenas a uma pessoa na Terra, a não ser Jesus, que nunca falhou. Tente modelar a Ele até você ficar perfeito, quando conseguir, você vai para o próximo.

Modelar é uma técnica. Quando eu ouço e vejo alguém, eu analiso o comportamento dela, vou descobrir o código fonte que essa pessoa usa para eu usar isso na minha vida. Quem inventou a modelagem, princípio da PNL, foi Richard Bandler. Junto a uma equipe, fizeram um grupo de estudos multifacetário para descobrir o que é isso. **Modelagem é ter o comportamento mental de uma pessoa de sucesso.**

O que você vai fazer? Primeiro você vai trazer a realidade dessa pessoa para você, não copiá-la. Se um pobre quer copiar o modelo de um rico não vai dar certo, mas eu sou o exemplo de um pobre que modelou os ricos e ficou rico. Como você modela? Você insere os comportamentos devagar, os códigos fonte, igual na internet, sabe? Quando você clica com o botão direito e aparece a opção "exibir código fonte"? Então, é lá onde estão os detalhes que você precisa trabalhar.

Quem você quer modelar? Há uma pessoa especial aqui na empresa que, tudo que você pede para ela fazer, ela dá conta de fazer, e um dia orientamos ela a adquirir um controle do portão, para não ficar tocando a campainha.

Ela comprou o controle sozinha, estudou na internet, pegou o outro controle e o codificou. Meu Deus do céu, eu pirei! Uma pessoa que há um minuto não sabia de nada, tomou atitude e codificou o controle. Essa história não vai morrer nunca, porque ela fez um processo de modelagem. E qual foi a modelagem? Pegar o código de um controle e colocar no outro. Ela me contou como que ela fez, eu pirei. As pessoas são assim também.

Não sei se você sabe, mas essa história vai te deixar com o cabeloem pé: ninguém no mundo consegue construir um *mouse*. Foi feito um estudo que constatou que, se alguém fosse tentar construir um *mouse* da sua própria cabeça, levaria 300 anos. Não tem como, você precisaria estudar sozinho tudo sobre minério, perfuração, nanorobótica, robótica, refinaria, software, hardware, para depois construir o negócio.

São centenas de pessoas envolvidas para construir um único mouse. O que nós fazemos? Modelamos os comportamentos uns dos outros, aprendemos e aplicamos na indústria. Isso garante um avanço tecnológico rápido para resolver as coisas.

Tenho uma tarefa para você: escolha 21 pessoas, uma você vaimodelar a forma de vestir, a outra a forma de conversar, entre outros aspectos, e colocar data limite, para não começar a virar admirador delas.Corte a admiração da sua vida, pois, admiração é um vale. **Não tenha admiração pelos outros.** Ah, mas ele é minha inspiração... Então fechou! Só coloque data para acabar, senão você vai ficar babando-o até que dia? Vaza!

Esse capítulo é sobre MODELAGEM. Você precisa aprender a pegar os códigos disso, por exemplo: seu controle remoto abre o portão da sua casa, outro controle não vai abri-la. Tem um cara que trabalha comigo, o Leniel, que o controle dele abre três portas: um botão é a casa, outro é o alarme, e outro é a empresa. Meu Deus! Como dá conta de fazer isso? Tem como, só é preciso carregar códigos. **MODELAGEM É CÓDIGO. É SÓ ISSO, COMECE A DESCOBRIR.**

Você quer saber um código meu? É só me perguntar, o meu é aberto. Algumas pessoas não deixam o código fonte aberto, deixam fechado, igual ao do Windows. Por que o Linux é um sucesso? Porque qualquer programador que entenda abre o código fonte, edita, e faz o que quiser. O meu código fonte, eu resolvi, não vou manter fechado. Não é segredo, não é secreto. Agora, se você quer modelar, é só fazer uma pergunta: "Pablo como eu modelo? Me ensina na prática?" Faça uma pergunta à pessoa que você quer modelas. Exemplo: "De onde você tira essa coragem?" A pessoa vai contar como isso aconteceu, então você adapta à sua história e sempre pratica com uma tarefa.

A tarefa desse capítulo é importante. Não vá para o próximo sem antes a ter feito.

## TAREFA

Modelagem

Anote abaixo 21 pessoas para você modelar e coloque a palavra-chave do que você precisa modelar dela.

| NOME DA PESSOA QUE VOCÊ DESEJA MODELAR | PALAVRA-CHAVE | DATA FINAL PARA MODELAGEM |
|---|---|---|
| 1. | | |
| 2. | | |
| 3. | | |
| 4. | | |
| 5. | | |
| 6. | | |
| 7. | | |
| 8. | | |
| 9. | | |
| 10. | | |

| | | |
|---|---|---|
| 11. | | |
| 12. | | |
| 13. | | |
| 14. | | |
| 15. | | |
| 16. | | |
| 17. | | |
| 18. | | |
| 19. | | |
| 20. | | |
| 21. | | |

**SE VOCÊ QUER AVANÇAR NA VIDA, COMPRE MUITAS SEMENTES, COMPRE UM ARMAZÉM E REVENDA AS SEMENTES.**

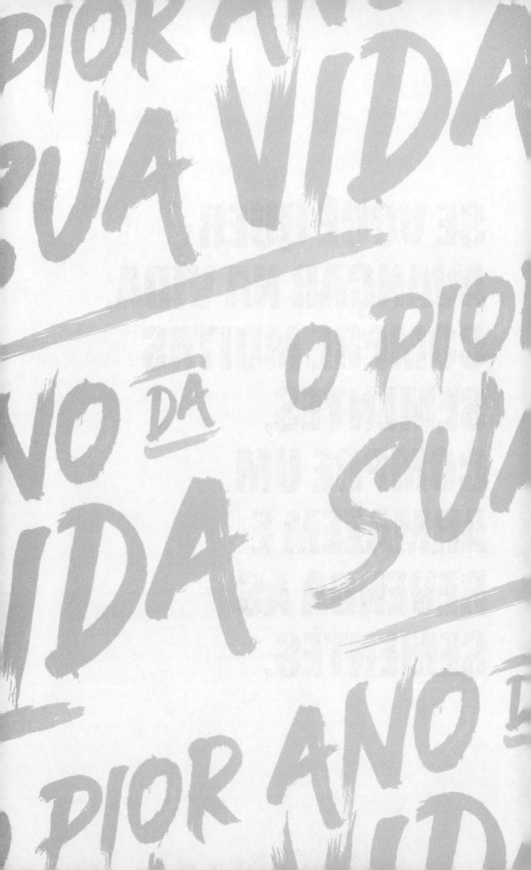

# CAPÍTULO 15

# COMPRA DE SEMENTES

## A VIDA É PLANTIO, ESCOLHA AS SEMENTES COM SABEDORIA

Aqui é onde vamos comprar armamento para ir à guerra. Tem como ir à guerra sem armas? Tem como ir ao campo sem sementes? Não tem! **O que é a semente? É a sabedoria!**

Você quer dar um salto quântico? Você precisa comprar sementes. Não venha com "pão duragem", não compre sementes baratas, porque elas não se reproduzem e dão frutos de acordo com sua espécie. Toda semente reproduz de acordo com sua espécie.

Eu vou te falar de algumas sementes, mas antes quero dizer algo: se você não estiver disposto a dar saltos quânticos, você sempre será uma pessoa mediana. Esse tem que ser o pior ano da sua vida, e o seu ano não começa no dia 1º de janeiro, ele começou já, quando você iniciou a leitura deste livro.

Quando falamos em livros, temos três níveis de leitura que definem se você é simples, mediano ou *hard*. Em qual deles você está? Se você quer ser simples, leia 12 livros por ano, um livro por mês. Se você quer ser mediano, leia 25 livros por ano, agora, se você quer tocar o terror na terra, seja *HARD* e leia 53 livros por ano, que é um livro a mais que o número de semanas que há no ano.

Esse nível *hard* é para alguns, outros ficam dando risada. Se é uma pessoa que não se casou e é "jovem", dá até para ler mais. Um ser humano que está disposto a investir nisso, em dez anos irá ler 520 livros. Em todas as palestras que eu vou ninguém lê nada, pois não têm essa prática e convivem com pessoas que também são assim. Quantas vezes você foi a um bar e ouviu alguém dizendo: "Nossa eu li o livro Utopia, de Thomas More."? Nunca!

*Netflix*, por exemplo. Você está afundando sua vida nisso. Lá só há 40 bons filmes, assista-os e depois cancele sua assinatura. Nada contra a *Netflix*, é uma benção, mas todo mundo que assiste não lê nenhum livro. Eu faço esses desafios nas minhas palestras e não adianta, as pessoas vivem afundadas nisso.

Você quer sementes mesmo? **A TERRA É VOCÊ! SEMENTES SÃO IDEIAS.** Todas as boas sementes vão se reproduzir, e a energia de troca, que é o dinheiro, vai voltar para o dono das sementes. Não sei se você sabe, mas se você encarar por cinco anos uma pecuária, você vai ser bem-sucedido depois de muitos anos. Pecuária é cuidar de gado, para quem não sabe, gado não é apenas boi, é todo animal de pastagem, ovelha é gado também.

Já uma lavoura, em uma terra muito fértil, dá muita diferença comparada aos cinco anos de pecuária. Por quê? Porque é desproporcional o seu crescimento. Já o gado não, pois ele tem muita coisa operacional, a lavoura tem mais tecnologia. Se você experimentar uma lavoura poderosa, no primeiro, no segundo, até no quinto ano, qualquer pobre vira rico.

Na pecuária não, pois é mais lento o processo, só que o interessanteé que, apesar de a pecuária precisar dos animais, que são os ativos, e dar muito mais trabalho, a lavoura por sua vez pode acabar do nada. O risco é proporcional: a lavoura é mais arriscada do que criar gado, porque um sol a mais pode acabar com tudo, já a pecuária não, por isso ela dá mais dinheiro. Eu moro em um estado que tem muito recurso disso, e uma coisa eu aprendi: semente boa em terra ruim vai dar errado. Semente ruim em terra boa, vai dar errado. Semente boa em terra boa, mas não souber plantar, vai dar errado, pois vai secar a semente. Se não estiver na época certa de plantio, vai dar errado também.

O que eu estou te falando então? Esse é o pior ano da sua vida, então você tem que se programar para tocar o terror na terra. Vou deixar uma tarefa para você fazer.

No final desse capítulo vai haver uma lista com mais de 100 livros para você. Você vai escolher 53 desses livros para ler e colocar um prazo para cada um. "Pablo, mas e se eu não terminar o livro dentro do prazo?" Comece outro, senão você vai ficar em um e vai ler no máximo dois livros no ano. Quer uma dica? Leia um livro por semana. Se passou a semana e você não terminou, esqueça o livro e comece o outro. "Ah! Eu não posso terminar o livro antigo?" Pode, mesmo que encavale dois livros, mas você vai tocar os outros, assim você vai ter autorresponsabilidade, sacou? E se você largar os livros que não deu conta determinar no prazo, vai ver livro após livro sendo deixado de lado, e se dar conta do TANTO QUE VOCÊ ESTÁ SENDO INCOMPETENTE NA SUA VIDA E VAI FAZER ALGO A RESPEITO.

Esse processo de livros, filmes, documentários, reuniões, faça tudo, mas em tudo em que você estiver envolvido, vá comprar sementes. Por que você comprou esse livro? Porque eu tenho um saco de sementes, a cada página eu estou te dando, só que se você não fizer as tarefas, estará jogando as sementes no asfalto. Semente dá fruto no asfalto? Uma vez em Rio Verde, Goiás, uma terrade plantação pesada de lavoura, um biólogo falou algo interessante para mim: "Esse papo de falar que semente não dá no asfalto é conversa, porque tem semente que dá no asfalto, há umas ervas daninhas que pegam até no asfalto." Aí eu pirei! É muito bom sempre estar trocando energia e aprendendo.

SE FOR UMA SEMENTE "DO BEM", NÃO PEGA NO ASFALTO, MAS SE FOR UMA SEMENTE "DO MAL", PEGA! Interessante, né? Por que o mal pega em tudo? Porque a terra foi condenada. Mas esse é assunto para outro livro.

O que você precisa para fechar esse capítulo? Você quer dar saltos quânticos? Precisa da semente chamada sabedoria. **Se você quer avançar na vida, compre muitas sementes, compre um armazém e revenda as sementes.** Aprenda isso: plante e também revenda, tem muita gente querendo suas sementes e você não pode segurá-las, senão você para de abençoar as pessoas.

Faça as tarefas, escolha seus livros e cumpra os prazos. Esse será seu pior ano, porém será só dessa vez. Você vai sentir falta disso. TMJADF!

## TAREFA

Compra de sementes

Abaixo há uma lista com mais de 100 livros que esotu indicando. Escolha 53 deles para ler em um ano. Coloque prazo para cada um.

1. Bíblia;
2. Antimedo - Pablo Marçal;
3. O destravar da inteligência emocional - Pablo Marçal;
4. Saia do caixão - Pablo Marçal;
5. A destruição do marxismo cultural - Pablo Marçal;
6. Vá cuidar da sua vida - Pablo Marçal;
7. A Bíblia que você não leu - Pablo Marçal;
8. Lavagem cerebral - Pablo Marçal;
9. A chave mestra do universo - Pablo Marçal;
10. Admirável mundo novo - Adouls Huxley;
11. Mais esperto que o diabo - Napoleon Hill;
12. Salomão, o homem mais rico que já existiu - Steven K. Scott;
13. Saber vender é da natureza humana - Daniel H. Pink;
14. Quem pensa enriquece - Napoleon Hill;
15. Quem mexeu no meu queijo - Spencer Johnson;
16. Pare de reclamar e concentre-se nas coisas boas - Will Bowen;
17. Pai rico – escola de negócios - Rich Dad;
18. Os segredos da mente milionária - T. Harv Eker;
19. O poder do subconsciente - Joseph Murphy ;
20. O homem mais rico da Babilônia - George S. Clason;

21. O homem é aquilo que ele pensa - James Allen;
22. O código da unteligência - Augusto Cury;
23. Psicologia positiva - Napoleon Hill;
24. Inteligência multifocal - Augusto Cury;
25. A única coisa - Gary Keller;
26. O poder do agora - Eckhart Tolle;
27. Mindset - atitude mental para o sucesso - Carol S. Dweck;
28. O seu perfeito você - Caroline Leag;
29. O cérebro com foco e disciplina - Renato Alves;
30. Mulher rica - Kim Kiyosaki;
31. Mente rica - Edson Oliveira;
32. Por que fazemos o que fazemos? - Mario Sergio Cortella;
33. Desperte o milionário que há em você - Carlos Wizard Martins;
34. Desperte o seu gigante interior -Tony Robbins;
35. Como parar de procrastinar - Luiz Felipe Carvalho;
36. Como fazer amigos e influenciar pessoas - Dale Carnegie;
37. Ative seu cérebo - Carol Leaf;
38. Como falar em público e encantar pessoas - Dale Carnegie;
39. Como convencer alguém em 90 segundos - Nicholas Boothman;
40. Autorresponsabilidade - Paulo Vieira;
41. As 48 leis do poder - Robert Greene;
42. A arte de argumentar - Antonio - Suarez Abreu;
43. 13 coisas que as pessoas mentalmente fortes não fa-

zem - Amy Morin;
44. 7 hábitos das pessoas altamente eficazes - Stephen R.;
45. Pai rico, pai pobre - Robert Kyosaki;
46. Casais inteligentes enriquecem juntos - Gustavo Cerbasi;
47. A lei do triunfo - Napoleon Hill;
48. Tempos líquidos - Zygmunt Bauman;
49. Modernidade líquida - Zygmunt Bauman ;
50. Amor líquido - Zygmunt Bauman;
51. O poder do hábito - Charles Duhigg;
52. Como evitar preocupações e começar a viver - Dale Carnegie;
53. A raiz da rejeição - Joyce Meyer;
54. 12 dias para atualizar sua vida - Tiago Brunet;
55. Como se libertar das relações tóxicas - Bernard Stamateas;
56. A chave mestra das riquezas - Napoleon Hill;
57. Atitude mental positiva - Napoleon Hill;
58. O poder sem limites - Tony Robbins;
59. As armas da persuasão - Robert Cialdini;
60. O poder da ação - Paulo Vieira;
61. Seja foda - Caio Carneiro;
62. Trabalhe 4 horas por semana - Timohy Ferris;
63. Me Poupe! - Nathalia Arcuri;
64. O jeito Harvard de ser feliz - Shaw Achor ;
65. O investidor inteligente - Charles Duhigg;
66. Seja disruptivo - Jay Samit;
67. Pega a visão - Rick Chesther;
68. A coragem de ser imperfeito - Brené Brown;

69. A sutil arte de ligar o foda-se - Mark Manson;
70. 12 regras para a vida - Jordan B. Peterson;
71. Ansiedade - Augusto Cury;
72. Ansiedade 3 - Ciúme - Augusto Cury;
73. Atenção plena - Mark Williams E Danny Penman;
74. Inteligência Emocional - Daniel Goleman;
75. Foco - Daniel Goleman;
76. Ansiedade 2 - Autocontrole - Augusto Cury;
77. Gestão da emoção - Augusto Cury;
78. A arte da guerra -Sun Tzu Ikigai Ken Mogi;
79. O ciclo da autossabotagem - Stanley Rosner;
80. Inteligência positiva - Shirzad Chamine;
81. As sete leis espirituais do sucesso - Deepak Chopra;
82. Super cérebro - Deepak Chopra;
83. Frequência vibracional - Penney Peirce;
84. O maior poder do mundo - Tiago Brunet;
85. Dinheiro é emocional - Tiago Brunet;
86. Mapas mentais - Tony Buzan;
87. Emoções inteligentes -Tiago Brunet;
88. Pais inteligentes formam sucessores, não herdeiros - Augusto Cury;
89. Criando meninos - Steve Biddulph;
90. O poder dos quietos - Susan Cain;
91. A arte de ler mentes - Henrix Fexeus;
92. O corpo fala - Pierre Weil;
93. As cinco linguagens do amor - Gary Chapman;
94. Quem ama, educa - Içami Tiba;
95. Sem medo de vencer - Roberto Shinyashiki;
96. Mantenha seu cérebro vivo - Lawrence C.; Katz E

Manning Rubin;
97. As 16 leis do sucesso - Napoleon Hill;
98. Simplifique sua vida - Wener Tiki Kustenmacher E Lothar J. Seiwert;
99. A escolha é sua - John Maxwell;
100. Cure pensamentos tóxicos - Sandra Ingerman;
101. Os segredos da logenvidade - Maoshing Ni;
102. A mágica de pensar grande - David J. Schwartz;
103. Efeito gatilho - Marshall Goldsmith;
104. Todos comunicam, poucos se conectam - John Maxwell;
105. A atitude vencedora - John Maxwell;
106. Oportunidades exponenciais - Peter H. Diamandis;
107. Sabedoria bíblica - C.H. Spurgeon;
108. 12 semanas para mudar sua vida - Augusto Cury;
109. 20 regras de ouro para educar filhos e alunos - Augusto Cury;

| | LIVRO | DATA PARA INÍCIO | DATA PARA TÉRMINO |
|---|---|---|---|
| 1. | | | |
| 2. | | | |
| 3. | | | |
| 4. | | | |
| 5. | | | |
| 6. | | | |
| 7. | | | |
| 8. | | | |
| 9. | | | |
| 10. | | | |
| 11. | | | |
| 12. | | | |
| 13. | | | |
| 14. | | | |
| 15. | | | |
| 16. | | | |
| 17. | | | |
| 18. | | | |
| 19. | | | |
| 20. | | | |

| | | |
|---|---|---|
| 21. | | |
| 22. | | |
| 23. | | |
| 24. | | |
| 25. | | |
| 26. | | |
| 27. | | |
| 28. | | |
| 29. | | |
| 30. | | |
| 31. | | |
| 32. | | |
| 33. | | |
| 34. | | |
| 35. | | |
| 36. | | |
| 37. | | |
| 38. | | |
| 39. | | |
| 40. | | |
| 41. | | |

| | | |
|---|---|---|
| 42. | | |
| 43. | | |
| 44. | | |
| 45. | | |
| 46. | | |
| 47. | | |
| 48. | | |
| 49. | | |
| 50. | | |
| 51. | | |
| 52. | | |
| 53. | | |

# CRIATIVIDADE É O ESTADO NATURAL DO SEU CÉREBRO.

## CAPÍTULO 16

# ATIVE A SUA IMAGINAÇÃO

## DESPERTE SUA CRIANÇA INTERIOR

Você chegou até aqui, esse é seu pior ano, e agora vou te ensinar como ativar a sua imaginação. Sua imaginação está sendo usada o tempo inteiro, se você não está fazendo nada, ela está sendo usada por outra pessoa, como algum amigo que está montandonas suas costas, só sei que alguém está fazendo isso por você.

Já ouviu aquela expressão: "Mente vazia, oficina para o diabo"? Não está na Bíblia não, foi Sócrates que inventou, porque, defato, sua mente é uma fábrica, e se você deixar ela vazia, alguém vai usá-la. **Quando você não pensa nos seus sonhos, alguém vai te pagar, e muito pouco ainda, para você realizar o sonho dos outros.**

Sabe por que você parou de imaginar? Porque quando você era criança, seus pais falaram para você parar de fazer tantas perguntas porque elas eram "idiotas", e você começou a pensar que fazer perguntas é algo ruim, sendo que era a melhor coisa que você tinha, pois você estava crescendo em sabedoria. Como ativar a imaginação?Ésimples, segundo a Sociedade Brasileira de Inteligência Emocional, quase 90% das coisas comque eu me preocupo não vão dar em ABSOLUTAMENTE NADA.

Você acha que compensa passar o dia inteiro se preocupando com coisas que não vão dar em nada? Gastar energia com isso tudo? Claro que não!

O que você vai fazer? Você vai acordar cedo, colocar a mão na cintura, na posição da Mulher Maravilha, de super-herói, vai erguer a cabeça e mentalizar tudo que você quer no dia. O inventor daMulher Maravilha foi William Marston, e ele também inventou o DISC. Para tudo aquilo que está gastando sua energia negativamente, construa uma imagem positiva, por exemplo, você nunca conseguiu vender dez contratos, o que você faz? Seja ridículo! Há um vídeo meu no YouTube que se chama "seja ridículo e se liberte", recomendo que você assista. Então, se vocêcair para dentro de você, vai ativar uma coisa que se chama IMAGINAÇÃO. **Criatividade é o estado natural do seu cérebro.**

Já perguntei para muitas pessoas cristãs, pois elas gostam de falar de fé: "Como é a fé?", e elas respondem o que está em Hebreus 11: "Fé é o firme e o fundamento das coisas que se espera e a convicção das coisas que não se vê." Mas se eu pergunto como se usa a fé, elas não sabem responder. A fé é usada com a imaginação, é só imaginar que acontece. Em Provérbios está escrito: "O que a sua alma deseja você se torna." **O que a sua mente produz já é seu. MINHA MENTE PRECISA CHEGAR ANTES DO MEU CORPO.**

Uma dica para sua mente ficar clarificada todos os dias: logo pela manhã, quando acordar, você vai fazer o "boot cerebral". Quando você liga um celular, por exemplo, a primeira coisa que aparece nele é SUA IDENTIDADE, sua marca, se for da Apple, será uma maçã, por exemplo, como se ele prestasse reverência ao seu criador, Steve Jobs. Então ele irá rodar todos os processos virtuais, que no nosso caso são mentais, depois que estiver tudo funcionando, ele vai ativar o *hardware*, o corpo, que vem por último em todas as hipóteses.

O "boot cerebral" é a forma de você acordar da cama e não sair correndo como um zumbi ou lento como um zumbi sem direção. Respire ao levantar e faça o boot em sua mente. Primeiro conecte-se ao Criador, depois a fórmula da gratidão e depois o seu corpo. Seu corpo precisa malhar e tomar banho natural todo dia. Eu faço isso há dois anos e não faz mais diferença a água quente, mesmo que esteja em outro país, como já aconteceu na Suíça e na Alemanha.

Seu cérebro tem a parte mesolímbica, que precisa de recompensa. Por que você precisa ativar sua imaginação? Porque você precisa já visualizar a sua recompensa. Você quer realmente cuidar da sua vida? Quer ter o seu pior ano? **Quer tocar o terror na Terra?** Eu sei que seu cérebro fica com medo, porque ele odeia problemas. Uma prova é que, toda vez que eu falo que vai ser o pior ano da sua vida, alguns pensam: 'Será que eu vou ter malária?" Claro que não! Não é disso que estou falando, estou falando de SUOR, SANGUE, LÁGRIMA E GORDURA. **Tudo é líquido e você vai ter que perder o líquido. Isso tudo está pesando em você.**

A principal moeda que você tem é desgastar-se, e você vai chorar. A lágrima surge porque vai ter muita pressão. Você vai dar o sangue porque vai ser por algo que você acredita, a sua gordura vai sair porque você vai fazer muito exercício físico, e vai ser bom para você. O suor vai sair porque você vai começar a mudar a sua imagem. Perder suor, gordura, lágrima e sangue significa renovação. Você vai entregar isso.

Há um tempo, no treinamento do Atomic Brain, brincaram comigo porque o negócio foi tão atemporal que eu até descasquei de tanto ficar no sol. Tinha imaginado que ficaríamos duas horas no máximo naquele lugar e ficamos mais de sete horas. Foi uma das poucas vezes na vida em que perdi a noção do tempo. Brincaram comigo que eu era cobra, pois estava trocando de pele, e eu fui estudar isso. Todo réptil troca de pele, e estudando um pouco mais, descobri que todo ser humano também troca de pele, não inteira igual à cobra, mas troca.

**Você precisa se renova. O seu corpo tem células mortas que descem todos os dias. Ative sua imaginação: qual recompensa você quer? O que você quer com esse livro? AH, EU QUERO TER O PIOR ANO DA MINHA VIDA! Não, não é isso que você quer, você quer ter a melhor fase da sua vida, só que para isso acontecer você tem que investir. Tem como investir R$0 e ganhar R$1.000.000 em uma aplicação financeira? Não! Você tem que investir todo seu capital, e qual é seu capital? Sangue, lágrimas, gordura e suor.**

Neste capítulo eu quero que você ative sua imaginação, ative quem você é. Você se lembra da tarefa do capítulo de modelagem? Já comece a imaginar quem você quer ser. Você não tem ideia do poder da imaginação. A MINHA MENTE PRECISA CHEGAR ANTES DO MEU CORPO.

O que é a preocupação? É o que gasta a imaginação, é a má utilização da sua imaginação. **A PREOCUPAÇÃO É A MÁ UTILIZAÇÃO DA SUA IMAGINAÇÃO.** Ao invés de viver preocupado, faça o *boot* cerebral de manhã e construa uma imagem poderosa, uma cena que já resolva esse problema. Isso é poderoso, funciona 100% com as pessoas que usam. Não tem essa de que "não vai funcionar", só funciona para quem usa. Você quer mesmo ativar sua imaginação? **Pare de falar mal de você, parade usar sua boca para te diminuir, não deixe seu ouvido ouvir NADA de ruim a seu respeito.**

Chegando ao final de mais um capítulo, há a tarefa na sequência. Os capítulos são curtos para que você termine a leitura e já faça as tarefas. Eu quero ação, não avance e nem saia correndo sem terminar as tarefas. Você vai fazer uma lista de coisas com que você tem se preocupado, e vai escrever, nessa lista de preocupação, como você vai construir uma história nova para você. Como você vai ressignificar isso para desconectar sua alma disso. Fechou?

## TAREFA

Ative sua imaginação

Tarefa 1: Assista ao vídeo no meu canal do YouTube: SEJA RIDÍCULO.

Tarefa 2: Estabeleça uma recompensa para conseguir passar pelopior ano da sua vida.

_____
_____
_____
_____

Tarefa 3: Comece a imaginar onde você deseja chegar, e os alvosque você deseja estabelecer.

_____
_____
_____

Tarefa 4: Faça uma lista de coisas com as quais você tem se preocupado e com isso, jogado fora a sua energia.

|  |  |  |  |
|--|--|--|--|
|  |  |  |  |
|  |  |  |  |
|  |  |  |  |
|  |  |  |  |
|  |  |  |  |
|  |  |  |  |

# O SEU CÉREBRO É A MAIOR FERRAMENTA DO MUNDO.

## CAPÍTULO 17

# FERRAMENTAS EFICAZES

## SUA MENTE É UMA FERRAMENTA DESTINADA A SERVIR VOCÊ, USE-A COM SABEDORIA

Bem-vindo a mais um capítulo do livro O PIOR ANO DA SUA VIDA. Espero que você não tenha se apegado a essa expressão, porque ela tem que bater dentro de você apenas para você se manter agarrado a esse ano que começou quando você decidiu ter seu pior ano.

Vamos falar de ferramentas. Eu gosto de falar delas, há situações em que você não precisa de ferramentas, mas eu vou falar das que você precisa, dessa forma você vai se organizar e não ser mais bagunçado como você foi a vida inteira, fechou?

Uma coisa que eu gosto de pedir em minhas formações, e também no Método do IP, é para as pessoas olharem para o chão, e quando elas olham eu pergunto se é possível retirar aquele piso do chão com as próprias mãos, sem ferramentas. Todos respondem que não. Na verdade, até dá, só que seria um trabalho muito complexo e poucas pessoas conseguiriam fazê-lo.

Para você arrancar o piso de maneira rápida e eficaz,

você precisa da ferramenta certa. O martelo só vai fazer você passar raiva nessa situação. Você precisa de marreta e uma talhadeira, assim você vai retirar todo orejunte em volta e depois irá batendo devagar, até soltar o piso.

Para que servem as ferramentas? Tem gente que gosta de anotar tudo em papel ou em *post-it*, o problema é que você vai anotar e grudar em algum lugar, daí passa alguém, arranca ele, e já era. Que ferramenta é essa? "Ah, Pablo, mas eu gosto de post-it", então você baixa o post-it virtual e coloca na tela do seu computador, assim não tem como ninguém arrancar. A dica é a seguinte: pare de ter várias ferramentas para fazer a mesma coisa. Vou te passar algumas ferramentas eficazes.

- WUNDERLIST

A primeira ferramenta é o *Wunderlist*, onde você tem tudo conectado. Você evita falar com sua equipe pelo WhatsApp porque você fala por ele. Consegue anexar fotos, inserir subtarefas, delegar tarefas, mostrar a foto de quem quiser, é possível ver quando finalizam as tarefas, é pancada. Uma ferramenta super eficaz. É gratuita e eles têm até a opção paga, mas eu desconheço quem precise utilizar essa versão. Baixe agora no seu celular, computador e *tablet* o *Wunderlist*. Essa ferramenta permite você colocar todas as suas tarefas bancárias, ações, rotinas, projetos, novas ideias, tudo. É um negócio poderosíssimo para você. Comece a usar hoje.

- GRUPO DE IDEIAS NO WHATSAPP

Você que gosta de WhatsApp, crie um grupo só com você. Mas como assim? Você cria um grupo e adiciona um amigo curioso, depois retira esse amigo e fica só você no grupo, esse será o seu grupo de ideias. Sempre que tiver uma ideia, você grava um áudio ou escreve e deixa salvo no grupo, assim você não deixa passar nada. Você vai usar o VF que já aprendeu, que é ver e fazer. É uma maneira rápida de capturar aquela ideia, anotar, programar e fazê-la.

- MAPA MENTAL

A terceira ferramenta é o mapa mental, uma das melhores formas de estudar e estruturar todas as coisas. Aprendi essa ferramenta na faculdade de Direito, em 2005. Eu pegava livros de códigos de processos e transformava em uma folha. Eu amo fazer isso. Tudo que você quiser mostrar para mim de projeto, eu consigo fazer em uma única folha. É violento, porque em uma folha você consegue colocar as palavras-chave e tirar toda a "gordura" do texto.

- GOOGLE AGENDA

Não coloque tarefas nessa agenda, apenas eventos. As tarefas você deixa no *Wunderlist*, porque aí fica tudo concentrado e delegado. Tenha em cada ferramenta sua limitação, mas escolha uma delas para cada coisa, nunca use mais de uma ferramenta para anotar a mesma situação. Na agenda do Google você irá anotar as reuniões, eventos, treinamentos, compromissos em que você vai se envolver. Assim você terá uma visão ampla de todos seus compromissos, sejam diários, semanais, mensais ou anuais.

**Sabe qual é a melhor ferramenta do mundo? SEU CÉREBRO!** Tem como você usá-lo em alto potencial, é só não gastar energia com coisas inúteis, porque quando acaba a internet, você precisa dele, quando acaba a energia, você precisa dele, quando acaba o recurso tecnológico, você precisa dele. **O cérebro que inventou tudo isso, por isso nunca se apoie por completo em ferramentas.**

Você que tem dificuldade com contas matemáticas, sugiro que quebre essa barreira na sua cabeça para você ser bom em contas. No mundo dos negócios, se você souber fazer contas rápidas, você mostra uma habilidade em que ninguém te passará para trás. Então você tem que saber. Não fique com essas crenças limitantes de usar apenas a calculadora, que você fica frágil. **As ferramentas servem para otimizar o tempo. Ao invés de eu ficar um ano fazendo e anotando em mil coisas e esquecendo toda hora, eu vou condensar todas as minhas informações, todo o conteúdo, em uma ferramenta.**

"Pablo, de todas, qual é a melhor ferramenta que você tem?" "Aquela que eu uso para apresentar os resultados. Eu adoro ver as pessoas apresentando resultados, muitas vezes nem elas acreditam o tanto que fizeram. Então anota aí: apresentação de resultados é a melhor ferramenta.

No final desse capítulo, terá a tarefa que você vai aplicar em você, mensalmente. Eu nunca vi uma empresa que aplicou doze vezes essa ferramenta de resultados e não mudou completamente. Porque daí acabam as desculpinhas, não tem mais "eu acho", são fatos e dados.

Por exemplo, na apresentação de resultados, alguém diz que vendeu pouco por causa de "não sei o quê". Não existe isso, tem que trazer os números. Não me interessam as letras, tem que trazer os números. RESULTADO SEMPRE É NÚMERO, SÓ PARA VOCÊ SABER. Para que as ferramentas então? Para você explodir e otimizar sua energia e tempo.

- ZEROPAPER

A última ferramenta que vou te passar é o *zeropaper*, você já ouviu falar? É uma ferramenta de gestão financeira, e meu Deus! Posso tefalar? É a melhor que eu já vi. Têm outras também, mas eu estou indicando as que eu uso.

Comece a usar uma ferramenta de controle financeiro para que você não se perca nesse tumulto de desorganização. Segundo a consultoria americana, 10% do tempo de uma pessoa que é bagunçada é jogado no lixo. Em 100 anos, você joga no lixo 10 anos. Imagina você perder 10 anos só porque você tem que ficar refazendo as coisas?

Vamos para a ação. Logo abaixo você terá as suas tarefas, não vá para o próximo capítulo sem terminá-las. TMJADF!

## TAREFA

Ferramentas eficazes

Tarefa 1: Baixe no seu celular e no seu computador a ferramenta:
*WUNDERLIST* (https://www.wunderlist.com/pt/)

Tarefa 2: Crie um grupo só com você no WhatsApp.

Tarefa 3: Pesquise e aprenda sobre **mapas mentais**, e utilize essaferramenta.

Tarefa 4: Coloque seus eventos no Google Agenda.

Tarefa 5: Utilize a ferramenta **Apresentação de Resultados**. Preencha-a com dados.

| AÇÕES REALIZADAS | PONTOS FORTES |
|---|---|
|  |  |
| RESULTADOS (DADOS) | PONTOS FRACOS |
|  |  |

Tarefa 6: Utilize a ferramenta *ZeroPaper*.

**SE VOCÊ FICAR OLHANDO DE QUALQUER JEITO AS COISAS, ELAS VÃO SER BAGUNÇADAS. COMO CORTAR ISSO? COM METAS E INDICADORES.**

## CAPÍTULO 18

# METAS E INDICADORES

## NÃO COLOQUE TETO NOS SEUS SONHOS, COLOQUE CHÃO

Antes de começar este capítulo, vou fazer aquela pergunta que você adoraou odeia: você está fazendo as tarefas? Qual é seu drive mental de tarefa? Se for obrigação, você não está fazendo, mas se for de diversão, você está tocando o terror. O drive é a primeira coisa que vem na mente, qual é o seu? Se for ruim, você não está fazendo, e senão estiver, feche esse livro agora, porque não vai adiantar nada isso daqui.

Essa aula é de metas e indicadores, e o que são eles? Anota aí para você não aprender errado: **META NÃO É TETO, META É PISO**. O quesignifica isso? Não coloque um alvo só para você encostar a cabeça, metaé sempre nos pés. META É SEMPRE DEBAIXO DOS MEUS PÉS, ouseja, é sempre piso. Assim você nunca para. Se a meta for teto, quando você estiver chegando perto, você para de produzir.

O que é indicador? É o nome desse alvo. Por exemplo, vamos falar de um indicador dentro da sua empresa: absenteísmo. É umindicador, ou seja, é a forma de medir as faltas da empresa. Qual é a meta? Ter zero falta. Eu duvido que uma empresa que tenha mais de 30 funcionários tenha essa meta, mas dependendo da política da empresa, pode até acontecer. O normal é a meta ter 4% de faltas no total de presenças. O que acontece? A meta é ter 4% de faltas e o indicador é o absenteísmo.

Outro exemplo: eu tenho uma meta de ler 52 livros, qual é a forma de medir isso? Através de cálculo. Ou eu faço o cálculo de palavras, que acho que não precisa, ou de páginas, de livros. Meu indicador hoje diz que eu levo 5,8 dias para ler um livro. Se você quiser calcular algo por volumetria, meça por página. Você também pode usar o Excel, há várias maneiras para calcular isso.

Você precisa de apresentação de resultados, você precisa de uma coisa chamada "farol". O farol, na apresentação de resultados, mostra os últimos três meses ou a quantidade de meses que você quiser colocar. Eu sugiro que você sempre mostre na apresentação de resultados o indicativo dos últimos três meses no farol. Quais são os indicadores? Posso pegar indicador de produtividade, de aderência, de absenteísmo, de conversão de vendas, de lucratividade, de despesa, de prejuízo, não sei qual indicador você quer.

Você está falando de empresa? Não, estou falando de pessoas, e uma empresa nada mais é que a junção de muitas pessoas, um lugar com várias pessoas precisa ter disposição, expertise e talento, pois empresa é sempre a soma de vários talentos.

No final do capítulo vou deixar uma tarefa para você fazer: cinco indicadores que você vai acompanhar. Por exemplo, indicador de produtividade: quantas horas você está acordado por dia? Anote e calcule.

Há uma ferramenta extra que eu dou para quem faz mentoria comigo, é a **ferramenta de performance diária**, são quinze coisas que você tem que fazer todos dia e você dá as notas. Pasme, fiz isso em um grupo de mentoria com mais de 80 empresários, e apenas cinco desses conseguiram manter em dez dias a média nove.

Pense na loucura! Pouca gente, nem 10% dos empresários.

Há aquele texto que diz: "Muitos são chamados e poucos são os escolhidos".

Você é escolhido? Então tenha o pior ano da sua vida. Vamos colocar o terror na Terra!

Há uma coisa na administração que o Peter Drucker ensina, que é a ferramenta *SMART*, ela é utilizada para verificar se a meta que você está querendo colocar é tangível, tem lógica. *SMART* é uma sigla em inglês, que significa específico, mensurável, atingível, relevante e temporal, ou seja, senão tiver essas coisas, esqueça, você não vai bater sua meta. Por que metas e indicadores? **Se você ficar olhando de qualquer jeito as coisas, elas vão ser bagunçadas. Como que a gente corta isso? Com metas e indicadores.** Eles servem para você não gastar mais energia que o necessário. Escreva os indicadores, os nomes dos indicadores e como batê-los, e coloque a meta. A meta é o piso, não põe teto, hein? META É SEMPRE DEBAIXO DOS SEUS PÉS.

Por que nas últimas 520 semanas eu venho batendo todos os meus resultados? Porque eu sei como funciona. Eu sei quem eu sou, não tenho medinho. E como você faz? Você cria os indicadores que você quer seguir. Só não fica falando:

"Ah, eu quero ser feliz!" Porque você não sabenem medir o que é ser feliz! Então, se não tem como medir, não existe esse indicador, meu Deus!

Quando falam isso, eu espremo a pessoa até ela falar o indicadorverdadeiro, que é ficar mais tempo em casa com os filhos. Meta: duas horas por dia. Sacou a diferença? Se você não souber disso, não adianta.Para você ter uma meta você precisa do indicador.

Há uma ferramenta para você usar, e eu quero te ensinar uma coisa,que é o termômetro. Você que tem só uma renda, ou duas ou três, crie um termômetro de receita de renda. Receita e renda são redundantes, você precisa criar algo de recepção de renda, então o que fazer? Vocêvai colocar o indicador, que é a receita, múltipla ou não, e a meta, que você pode chamar de super meta ou milagre. Milagre é bom demais, então você mira nele.

Nunca espere um milagre, mas ele sempre vai funcionar. Eu sou um milagre e você também é. Não sei se você sabe, mas a chance de você ser fecundado é um em quatrocentos trilhões. Há um vídeo de uma cientista de Harvard que fala isso, ou seja, um entre quatrocentos trilhões, você nasceu, não tinha chance nenhuma, e agora você tem. Você vai ter o seu pior ano, então tem que criar esses indicadores e essas metas.

Por exemplo, que dia você vai atingir seu primeiro milhão dereais? Eu sei que a maior parte da população ainda não alcançou isso. Você tem que colocar data, senão você nunca vai alcançar. E a cada dia que passa, um milhão de reais deixa de ser dinheiro.

Há não sei quantos anos, no Big Brother, falava-se em um milhão e o povo pirava, hoje já não é mais esse tanto de dinheiro não,e mesmo assim você ainda não ganhou. A culpa é de quem? Do dinheiro que desvalorizou ou sua? O dinheiro está desvalorizando para ver se você dá conta de pegar ele. Tudo porque você não tem indicador e não tem meta.

**O que você vai fazer agora? Seja para sua empresa, sua casa, sua família e seus filhos, todos precisam de indicadores e metas.** Não posso te contar agora, mas no futuro, quando você aprender isso, você vai abandonar as metas, mas deixa esse assunto para depois. Ainda estamos só começando, esse é o seu pior ano e o pau vai quebrar. Bora tocar o terror na terra. TMJADF!

## TAREFA

Metas e indicadores

Tarefa 1: Escreva cinco indicadores que você precisa acompanhar diariamente.

| INDICADORES | METAS | SUPER METAS | META MILAGRE |
|---|---|---|---|
|  |  |  |  |
|  |  |  |  |
|  |  |  |  |
|  |  |  |  |
|  |  |  |  |

Tarefa 2: Pesquise e aplique a ferramenta SMART

**SE VOCÊ NÃO PASSAR PARA FRENTE O QUE APRENDEU, ISSO NÃO VAI VIRAR ABSOLUTAMENTE NADA.**

## CAPÍTULO 19

# PASSE ISSO ADIANTE

## NÃO SEGURE A BENÇÃO QUE ESTÁ SOB VOCÊ

Estamos chegando ao fim desse livro. Esse é o penúltimo capítulo, e eu preciso te contar um segredo: você precisa passar adiante tudo isso. Eu nunca vi ninguém explodir sem passar adiante. Tem uma expressão em inglês que é "handover", significa "passar o bastão". O que é passar o bastão? É fazer as pessoas entenderem que estão em uma corrida de revezamento, na qual eu corro o maisrápido que posso até entregar o bastão. Um governo, quando vai assumir, cria um governo de transição, e o governo anteriorcomeça a passar todas as pastas, o *handover*.

O que é passar adiante? Você aprendeu muita coisa legal aqui, certo? Se você não comentar sobre isso, se você não fizer essas coisas, se você não ensinar outras pessoas, a sua taxa de retenção será pequena. O que é essa taxa de retenção? Se você fala que ouviu uma coisa, em poucas horas, uma média de 72h, você irá perder tudo o que ouviu. Na verdade, você nunca perde, ou você ganha ou você aprende, e você vai aprender a não gastar energia da forma que você estava gastando.

Anote o que você vai fazer: **PASSAR ADIANTE au-**

menta em 80% a taxa de retenção das coisas que eu sei. Um dia uma pessoa falou assim para mim: "Não ensina tudo que você sabe para as pessoas, você vai ficar comum.", e eu pensei assim: "Se eu ficar calado, vou virar um trouxa."

É lógico que eu me ferro direto em negociações com amigos, os caras fazem os meus cursos, pegam todos os códigos, pegam os meus macetes e sabem dominar tudo também. Aí eu tenho que voltar, chorar, gastar suor para descobrir uma coisa nova. Só que eu só fiquei fera daquele jeito porque eu contei para os outros. Todo cara que não abre a boca, que não fala nada para os outros, não é nada. **Se você não passar para a frente o que você aprendeu, isso não vai virar absolutamente nada.**

Agora pense no rio. Ele sempre nasce na montanha, pelo menos os mais altos, então eles vão descendo e se conectando a outras nascentes. Rio não sobe montanha, só desce, então por que passar isso adiante? Se você não passar adiante, você vai ficar fazendo represa, e represa não se sustenta. A represa, quando você corta a saída, ela vai fechar a entrada, então não haverá peixes pulando e você vai ficar só com o que tem, mais limitado ainda. As crenças são represas que antes eram rios.

Ouvi dizer uma vez que, no lugar onde pessoas aterram rios, direto dá alagamentos. É interessante essa afirmação, porque os rios querem correr lá, mas você quer insistir em aterrar o rio ou fazer uma represa. Você acha que isso vai funcionar? Isso nunca funcionou. **Se você for egoísta, você não vai ter o pior ano da sua vida. Se você quiser criar uma represa, não vai botar o terror na terra.**

Não estou falando para você dar o que você não tem, estou falando para você deixar a água do rio fluir e você só entregar. Não passe rede no rio, os peixes vão subir, o peixe é a prosperidade. Esses dias eu estava usando uma camiseta que um amigo que produziu e mexeu comigo, estava estampada com peixes subindo como se fosse uma seta para cima e com a seguinte frase: "Let The River Flow", que significa "deixe o rio fluir". Esse negócio de deixar o rio fluir vai fazer você deslizar na vida.

Há dois jeitos: tem como você viver e tem como você sobreviver. O viver é o deslizando sob a face das águas, o arrastar é o sobreviver. Se você não passar adiante, você não vai nem arrastar no rio, você vai pelas beiradas batendo a bunda no cascalho, tudo isso só porque não passou adiante, porque você acha que tudo é seu. A verdade é que realmente tudo é seu, mas quando você entender o transbordo, que se encher dessas coisas irá fazer com que outras pessoas as tenham, você nunca vai segurar as águas.

Não sei se você sabe, mas o Egito já foi o país mais rico do mundo, e tudo era em volta do Rio Nilo, tudo. Aquela cobra gigantesca no meio do deserto, todo mundo era apaixonado por ela. O Egito já foi os Estados Unidos do mundo de hoje. Algumas vezes você pode ver algum vídeo de pessoas passando fome, sede, por faltar água na terra deles. Quando não tem água, as pessoas deixam de comer carne, porque os animais vão até o rio beber água, e o rio é o lugar de alimento, de prosperidade, de amizade, de relacionamento. Por isso, passe adiante.

Agora uma pergunta: quem é você? Imagine se as gerações anteriores não tivessem transmitido tudo o que elas aprenderam? Toda tecnologia que você tem hoje? Imagine só! Como você seria?

Sabe o que é engraçado? É que houve uma ruptura na história. A geração egípcia construiu aquelas pirâmides sem engenheiro, sem guindaste, sem nada, e parece que o povo desaprendeu. Mas pior que o Egito, é a histórica Bíblica na terra de Shinar, quando Nimrod falou que iaconstruir a torre de Babel. Alguns falam que é só um folclore, mas não é não.Já foi comprovado cientificamente que já a torre já existiu, e ela tinha uma projeção de alcançar, pela matéria que eles estavam usando, até 3.000 km de altura.

A torre atingiu uma altura de 2.4 mil km. Imagine a fundação desses caras, o que eles não fizeram? Eu sei que deve ter custado um milhão de trabalhadores para fazer isso. A vida de muitos. Os caras deram conta de fazer, mas devem ter silenciado essa geração e parado de aprender a edificação. Naquele lugar Deus criou confusão na língua de todos.

Por que eu estou falando isso? Porque se você passar adiante,já era. Pablo, eu vou ter que dar palestra? Não, você tem que fazer Mastermind, mentorias, participar de reuniões, dar palestras também, participar de grupos da sua igreja... Se você não vai a uma igreja, precisa começar a ir, isso vai ser bom para você, porque sempre você vai passar adiante esse poder. Se você ficar sempre calado, vai ser sempre acanhado. Se envolva nas coisas, faça tudo que você puder, comece a se mostrar.

Tem gente que fala que não gosta de aparecer, eu digo: VÁ TRABALHAR NA RÁDIO! Lá ninguém vai te ver, só te ouvir. Entendauma coisa, se esse é o ano e você está pronto, pare com o "nhenhenhe" e mergulhe nisso. O que você pode fazer? Você está lendo esse livro e está adquirindo conhecimento, se estiver fazendo as tarefas, já deve ter feito mais de 80 e vai bater 90 após esse capítulo. Então simplesmente você vai ter sabedoria, porque só tem sabedoria quem faz. **Mas o que interessa** é **repetir e compartilhar sem parar.**

Quando você faz isso, você tem domínio. Você tem domínio em quê? Faça uma tarefa agora, mostre para mim as coisas em três classes: na aba "conhecimento", você escreve algo que você é bom, mas não faz nada a respeito; na área "sabedoria", o que você é bom de fazer, e no "domínio" também. Vou contar o resultado para você, tá? Você vai falar que conhece sete coisas, faz três, e em uma você é bom.

VÁ CUIDAR DA SUA VIDA! FAÇA AS TAREFAS. TMJADF!

## TAREFA

Passe isso adiante

Tarefa 1: Faça *handover* (passar o bastão). Ensine a outras pessoasaquilo que você aprendeu com esse curso.

Tarefa 2: Crie um grupo de mentoria.

Tarefa 3: Dê palestras.

Tarefa 4: Preencha a planilha abaixo:

| NO QUE VOCÊ CONHECE E NÃO FAZ NADA? | NO QUE VOCÊ É BOM EM FAZER? | NO QUE VOCÊ É BOM EM DOMÍNIO? |
|---|---|---|
|  |  |  |
|  |  |  |
|  |  |  |
|  |  |  |
|  |  |  |

**SABER DE ALGUMA COISA E NÃO FAZER É O MESMO QUE NÃO SABER.**

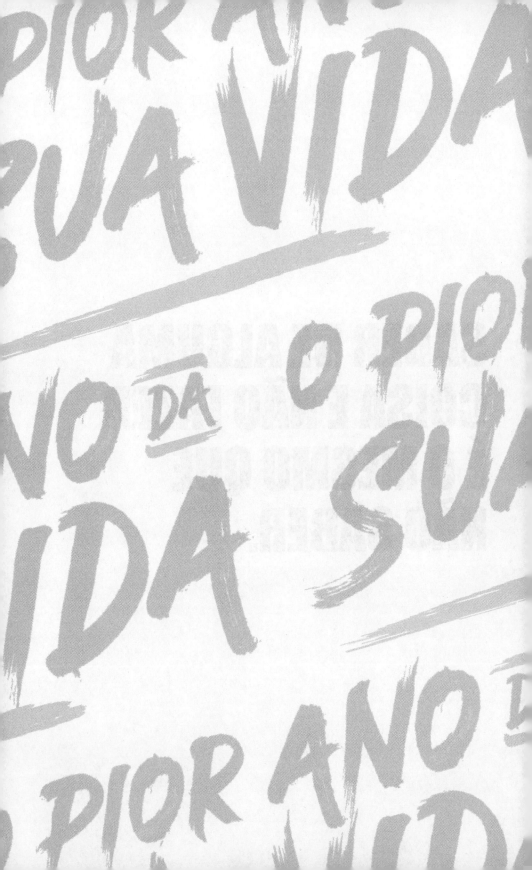

## CAPÍTULO 20

# VOCÊ ESTÁ DISPOSTO A DAR TUDO POR VOCÊ?

## JESUS ESCOLHEU VIVER DENTRO DE VOCÊ, CUIDE DA CASA DELE

Chegamos ao último capítulo do pior ano da sua vida e eu quero saber se você está fazendo as tarefas. Pode me chamar de chato, o que for, mas as tarefas são as coisas que funcionam. **Saber de alguma coisa e não fazer, é o mesmo que não saber.**

Então você tem que saber de algo: fazer e dominar. Foi o queeu falei no capítulo anterior, você vai saber fazer sete coisas, ia realmente fazer três e iria dominar apenas uma. O que você vai fazer agora? Lembra-se da tarefa de hábitos? Você tem mudado seus hábitos? Se não mudou é porque você é fresco, vitimista, autocomiserável, põe a culpa nos outros, não tem autorresponsabilidade e ainda fica achando que não vai vencer na vida. Com todo respeito: **VÁ SE LASCAR NA VIDA!**

Você está pronto para isso? Agora é a hora da agressão. Esse não é um livro *gourmet*, mais uma tentativa para você ficar de "nhenhenhe", É A HORA DE MUDAR DE VIDA. Como que muda de vida? Haverá mais uma tarefa ao final do capítulo e quero que você revise seus hábitos. Eu quero lembrar quatro coisas para você:

- Sangue
- Suor
- Lágrima
- Gordura

VOCÊ ESTÁ QUEIMANDO GORDURA TODO DIA? Comer gordura é muito bom, mas melhor que comer é queimar. SEU SANGUE: você está envolvido com sua vida nisso? A sua vida está envolvida a serviço da sua vida? SEU SUOR: você está esforçando?

Não tem como, nunca vi esse negócio de plantar coisa sem suar. SUAS LÁGRIMAS: você está chegando ao ponto de chorar? De falar: "Ah, eu não aguento mais!"? Se você não estiver nesse ponto, você não começou o ano ainda. Talvez você possa começar agora.

As pessoas gostam de se conectar a mim e perguntar se vão mudar de vida. Eu falo que não sei, porque não sei se elas fazem as tarefas. Eu, por exemplo, quando preciso faltar à minha aula de inglês, além de fazer a tarefa da aula que perdi para compensar, ainda faço as quatro próximas, para não ficar de "nhenhenhe". É como se estivesse fazendo um pagamento extra, um depósito para que eu não volte atrás.

O que eu quero falar com isso: você chegou até aqui, e eu vou te dar a principal tarefa, você está pronto? A principal tarefa é rever esse livro todinho e refazer todas as tarefas, porque eu sei que você fez várias tarefas de qualquer jeito. É um livro pequeno e rápido. Eu, no seu lugar, teria lido esse livro e feito todas as tarefas em um dia, e aí eu iria chamar a minha própria atenção para voltar e ficar refazendo todas as tarefas. Adquiriu conhecimento? Uau, você é sábio! Não, não é, você só é inteligente. Quando você começa a praticar você se torna sábio. Começou a dominar? Aí é o Jaspion ou Changeman. Eu não sei quem é você hoje, você sabe?

Teve um cara, o nome dele é Fabrício, que falou assim para mim: "Eu quero ser igual você!" E eu falei para ele: "O mundo não precisa de dois Pablos, ele precisa de um Pablo pleno e de você, um Fabrício pleno."

O mundo não precisa de duas pessoas repetidas, Deus não chamou para ninguém copiar ninguém. **Como é viver o pior ano da vida? É mergulhar com todas as suas forças nesse rio, jogar tudo que você tem, e dar mesmo todos os seus líquidos, tudo, sua vida.'**

Então você fala: "A minha vida eu já entreguei para Jesus. Ninguém está vendendo a alma para o diabo aqui, é você acreditar em você. Deixar um pouco de lado as companhias que estão te atrapalhando, comprar armamento, que são as sementes para você plantar, e mudar seus hábitos. Eu te contei todo o bê-á-bá, cada capítulo desse livro é um diamante. Eu quis que o livro fosse simplificado PARA VOCÊ VER QUE A VIDA É SIMPLES.

Aprenda isso: A MINHA VIDA É SIMPLES, PORÉM DIFÍCIL.

Simples porque qualquer "mané" dá conta de fazer, mas

é difícil porque tem que fazer todos os dias. Você fez todas as tarefas? Se fez, não tem como, o negócio vai quebrar o pau. Você vai ficar chato, já adote sua nova hashtag: #chatão. Esse novo ano que começou é o ano da chatice, porque um monte de gente vai ficar revoltado com você.

Use a pulseira com as principais coisas, se não tem pulseira, faça uma tatuagem ou o que você quiser, só não esqueça as quatro principais coisas:

- SE CONECTAR A NOVAS PESSOAS
- FAZER PERGUNTAS
- FAZER AS TAREFAS
- SE AMAR

Amar a Deus, sentir-se amado e transbordar para que outras pessoas se sintam amadas por você. Por que tudo isso? Porque dessa vez vai.

Você vai voltar, rever os capítulos e as tarefas, e aquelas que ficaram "meia boca", você irá refazer. Quando chegar nesse capítulo de novo, refaça novamente, isso é para você gerar domínio. A cada leitura você terá novos *starts*. Esse é o pior ano, e eu te garanto, se for o pior ano, aquele que você vai matar a roça e plantar tudo, não tem como não prosperar.

SE ESSE FOR O PIOR ANO DA SUA VIDA, VOCÊ VAI PROSPERAR, porque eu sei do que estou falando, e todas as pessoas que fizeram isso funcionaram. Se você se conectar às bases certas e aos valores certos, à Fonte, que é o Criador, não tem como falhar. Conecte-se a você e deixe as águas fluírem, que os rios vão subir.

Você entendeu como funciona? Tem algum milagre, ato ilusório, falsa promessa, alguma mágica? Não! É SÓ VOCÊ FAZER A TAREFA, MEU DEUS DO CÉU! Eu vou encerrar esse livro, e ao invés de chorar, engate no primeiro capítulo e comece tudo de novo.

Jesus veio fazer uma tarefa aqui na Terra, morrer na cruz, e um dia Ele suou gota de sangue. Nesse dia Ele falou assim: "Pai, se possível, afasta de mim esse cálice". Ele não falou assim: "Senhor, tem como você fazer as tarefas por mim? Eu não dou conta. Não estou querendo." Foi interessante que Ele foi obediente a Deus e o Pai respondeu algo para ele? Não! Mas Ele fez mesmo assim. Sacou? Quando Deus não falar para você, termine o que você começou.

**Você vai tomar banho na água gelada, vai parar com esses chocolatinhos, vai parar com a fofoca, pornografia, com esse tanto de coisas que estão te matando.**

Faça o que falei no capítulo dos alvos rápidos. Abandone os antigos e instale novos.

Deixe para trás e não volte. Mude sua experiência no mindset, mude tudo o que você precisa mudar, e vamos cair para dentro. JÁ ERA!

Eu sou o Pablo Marçal, e eu escrevi esse livro para você. BORA TOCAR O TERROR NA TERRA! Encerro esse livro agradecendo a você pela confiança. Quero pedir, diante de Deus, que você consiga, porque não há milagre nenhum. Deus é o Deus do impossível, só que você tem que fazer sua parte. Ele te deu a liberalidade e o livre arbítrio de fazer o que você quiser.

Você quer ter mesmo o pior ano da sua vida?

Então prepare-se, porque você vai ficar sem graça com a colheita quevai ter ao final desse ano. BORA PARA O PIOR ANO DA SUA VIDA, porque vai ser só dessa vez!
VÁ CUIDAR DA SUA VIDA! TMJADF!

## TAREFA

Você está disposto a dar tudo por você?

Volte ao início e RELEIA o livro, juntamente com todas as tarefas.
OBRIGADO POR CHEGAR ATÉ AQUI, ESTAMOS JUNTOS ATÉ DEPOIS DO FIM!

Pablo Marçal.